仕事のミスが激減する「手帳」「メモ」「ノート」術

鈴木真理子
Mariko Suzuki

明日香出版社

はじめに

ミスをしない人には、共通する習慣があります。

それは記録をすることです。

人と約束を交わしたら手帳に書く。上司の指示を受けながらメモを取る。お客さまの要望を聞きながらノートを取る。

ミスをなくしたいなら、すぐにその場で記録することが何よりも大切です。

「秘策を知りたいのに、なんだそんなことか」「当たり前じゃない？」と、がっかりしないでください。


例えば、日程を確認したとき。

「暗記できる」と思っていても、記憶があいまいだったり、間違えて覚えていたりという経験はありませんか？

自分を信じるのは大切ですが、過信は禁物。人は忘れる生き物だからです。

発想を変えると、「記録するだけでミスがなくせるなんて、自分にもできそう」と、少し気が楽になりませんか。

記録には文字の他、音声や映像に残す方法があります。デジタルが日々進化する時代ですから、パソコンやスマホでデータに残すのが手っ取り早いかもしれませんね。

でも、あえて手で紙に書いて欲しいのです。その理由は、本書で詳しくお伝えします。

ところで、私はビジネスインストラクターであり、原稿を書くことも生業《なりわい》にしています。

では、もともとメモを取っていたかというと……、違います。手帳でスケジュール管理していたかというと、これまた違います（笑）。自信を持って言えるのは、そのせいで信じられないミスや失敗をしてきたということです。

そんな私ですが、先日、セミナー会社の方から「鈴木さんは優等生だから心配ない」という、もったいない言葉をいただきました。聞けばセミナーの当日、講師が会場に現れなくて、冷や汗をかいたことが何度もあるらしいのです。その講師たちは、時間を間違えて遅刻したり、開催日をうっかり忘れて自宅にいたりしたらしいのです。

つまり私が「優等生」と呼ばれたのは、「時間や日付を間違えないから安心できる」ということだったのです。

また、雑誌や新聞の取材を受けるとき、「手帳を見せてもらえませんか」「記入したページを写真に撮ってもいいですか」と言われることがあります。特別なことはしていないのですが、ちょっとしたアイデアが役に立つようです。

本書では、記録しない人から記録する人に変わった私が、ミスをなくすための方法についてお伝えします。

今では仕事場はもちろん、自宅でも電車の中でも、そうそう誰かと飲んでいるときも記録しています。周りの人からは、「でた！　メモ魔」とプッと笑われますが、だからミスがなくせると思っています。

さて、本書は7章立てになっていますが、第1章から第6章は、仕事のミスをなくし自分を守るためのハウツーをご紹介します。よくあるミスをもとに、どうしたら激減できるかを具体的にお伝えしていきます。

イラストや図をたっぷり入れましたので、ぜひ楽しみながらページをめくってみてください。そして「これは使える」と思うことがあれば、ぜひ試していただきたいです。最後の第7章では、ミスをなくし目標を必ず叶えるためのアドバイスをまとめました。あなたの夢が実現できるようお手伝いしたい、そんな気持ちで書きました。

記録はあなたを裏切りません。困ったときは優しく手を差しのべて、あなたを救ってくれる存在です。さあ、今日から記録して、ミスをなくしましょう。そして仕事も人生も、欲しいものすべてを手に入れてください。

鈴木　真理子

もくじ○仕事のミスが激減する「手帳」「メモ」「ノート」術

第3章 メモの基本

第4章 メモの実践的な使い方

第5章 ノートの基本

第6章 ノートの実践的な使い方

第7章 夢や目標を叶えるための記録術

○カバーデザイン　ＩＳＳＨＩＫＩ萩原弦一郎＋藤塚尚子
○本文イラスト　パント大吉

第１章

手帳の基本

01
手帳がミスを救ってくれる

すでに手帳をお使いの方、一度でも使ったことのある方に質問します。あなたはいつ手帳と出会いましたか？

私が手帳を使いはじめたのは32才のときです。「えぇっ！　そんなに遅いの？」と、びっくりされる方も多いことでしょう。

実は手帳を使いこなすまでの間、信じられないようなミスや失敗をよくしていました。

まずは、さかのぼって高校時代の話を聞いてください。

学校の始業式といえば、長い休みが終わり、新学期がはじまる日です。それなのに、すっぽかして自宅にいたことがあります。みんなはどうして日付を間違えないのか、むしろそのことが不思議でなりませんでした。

また、大学を受験するときは願書の締切日やら、合格すると入学金の振込み期日がありますが、それすら忘れたことがあります。

さすがにそのときはショックを受け、大学生になると同時に手帳を買いました。革のバインダーでレフィルを入れ替えるタイプのもの、たしか1万円くらいしました。高級手帳は当時流行っていましたし、人前で出すと格好よく見えたのです。でも、書いたり書かなかったりして、日記と同じく長続きしませんでした。ですから正確には「手帳を使っていた」とは言えないのです。

学校を卒業してからは、保険会社で10年間、事務職として働きました。定型業務やアシスタントをしていたので、社外の人に会ったり外出したりする機会はめったにありません。そのため卓上カレンダーをデスクの上に置き、書類の締切日だのミーティングの予定だのをメモすることにしました。

それでもミスはなくせませんでした。

なぜなら**書き忘れたり、逆に小さな１日分のスペースにあれこれ書きすぎて大事な用件を見落としたりしたからです。**雑な字で書き殴るので、自分の字が読めないこともありました。

もうお気づきですね。私は決して几帳面な人間ではありません。では、いつから手帳を使うようになったかといえば、会社を退職してフリーランスで仕事をはじめたときです。上司も先輩社員もいなくなり、会社名というブランドも失い窮地に立ったとき、せめて手帳でセルフマネジメントしようと決意しました。

会社に入り、将来役員になれたら秘書がつくかもしれません。たとえ若くたって、お笑い芸人やタレントさんがブレイクすればマネージャーがつきます。でも、**私たちビジネスパーソンの大多数は、スケジュール管理を自分でしなければなりません。**そのうえ、もしポカミスをすれば、思った以上に痛手となるのは目に見えています。

そこで登場するのが手帳です。

とはいえ手帳を買うだけではダメ、持ち歩くだけでもダメ。使いこなしてこそ威力を発揮するのですから。

スケジュールミスを救ってくれるのは手帳。段取り上手になるための必需品は手帳。しかも千円〜3千円くらいでいいものが手に入るので、コストパフォーマンスも大満足。そう断言してもいいくらい信頼のおける便利なツールですから、使わない手はありません。

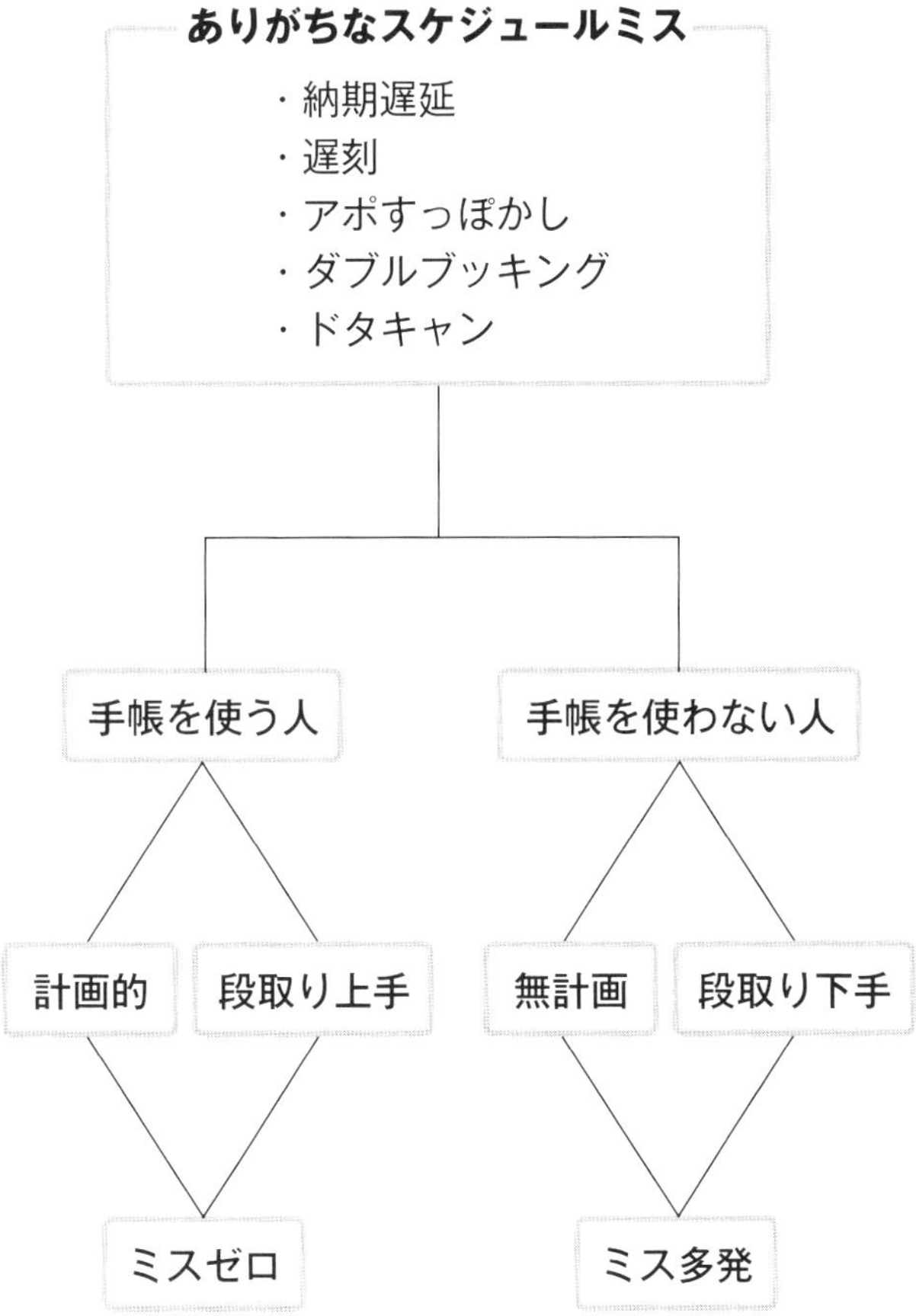

◎ ミスをなくすマストアイテムは手帳

02 あなたに合う手帳の選び方

「来年はどの手帳にしようかな」と、あれこれ悩むのは楽しいものです。

でも、手帳を買いに行く前に、ちょっと待った！　デザインが素敵だからという理由だけで選ぶと失敗のもと。毎日「何を」「どのくらい」書きたいのかを冷静に考えましょう。

では、ビジネスパーソンが手帳によく書くものを挙げてみます。

①**アポイントメントや書類などの締切り**……約束事
②**ToDoリスト**……今日やること、1日の計画
③**日記**……今日のふりかえり

もちろん、その他にも天気や食事、体重など、人によって書く内容はさまざまですが、仕事をするうえで必要なトップ3といえば、これらではないでしょうか。

手帳に絶対に書いて欲しいのは、「①アポイントメントや書類などの締切り」です。というのは、手帳には暦が印刷され、私たちが自由に書けるようにスペースが設けてあります。該当日に要件を書くだけで、１年間の予定が時系列にお行儀よく並んでくれます。当たり前のようですが、自分で日付順に並び替えなくていいので、とても助かりますね。

何より日々の約束や締切日を手帳に書いておけば、うっかり忘れを防げます。暗記しなくたって、見るだけでスケジュールがすぐに把握できるので、誰でも確実にミスを減らせます。

手帳のタイプにはマンスリー、ウィークリー、デイリーがあります。あなたが手帳に何を書きたいかによって、どのタイプにするかを選ぶといいでしょう。

まず、マンスリーは月間予定を見開き1ページにしたもの。

サイズは小型からあり、ページ数も少ないためスリムで持ち運びしやすいです。これはアポイントメントや締切りだけ書けばいい人に向いていて、１カ月分を俯瞰したり空いている日を即座に答えられたりします。

ちなみに私はマンスリーを使っていて、縦3cm、横3cmの正方形に1日分の予定をおさめています。なお、ToDoリストは手帳でなくメモ帳に書いています。

次に、ウィークリーは週間予定を片面1ページ〜見開き1ページにしたもの。バーチカルタイプは時間軸が書かれているので、社内会議や外出などの予定が毎日のようにある人に向いています。というのは1日に3件以上の予定があると、マンスリーでは書くスペースが足りないことも。思い当たる人はウィークリーを選ぶといいでしょう。

最後に、デイリーは1日の予定を片面1ページ〜見開き1ページにしたもの。メモ欄がたっぷりあるので、①アポイントメントや書類などの締切り、②ToDoリスト、③日記などのふりかえり、といったすべてが書けます。ページ数がある分、手帳の厚さと重みは増しますが、情報を一元化でき、書いたことを後から見返せるのがメリットでしょう。全体のスケジュールを把握するためには、月間予定のページと併用するのがおすすめです。

マンスリー

月間予定

・１カ月分の予定を俯瞰したい人
・先約の有無を瞬時に把握したい人

ウィークリー

週間予定

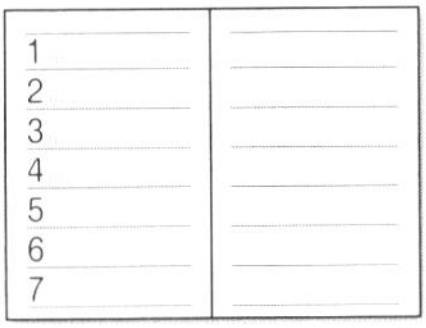

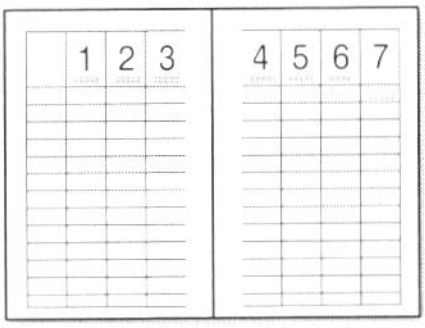

（バーチカルタイプ）

・毎日のアポがいくつもある人
・手帳でタイムマネジメントしたい人

デイリー

今日の予定

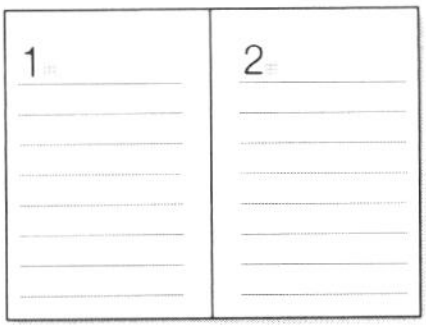

・書きたいことがいっぱいある人

◎ 手帳に何を書きたいかを決める

03 予定はひとつのツールで管理せよ

ミスをなくすには、予定をできるだけひとつのツールで管理してください。

例えば、ひとつのアポイントメントが決まったとします。そのとき手帳に書き、卓上カレンダーにも書き、スマホやパソコンのカレンダーにも入力する人がいます。ひとつだけだと不安なので2つ、3つと証拠に残し、ミスをなくそうと努力しているのでしょうが、残念ながらミスは増えるでしょう。

そもそも**複数のツールで同時に管理しようとするのがムリというもの。必ずと言っていいほど転記モレが起きるからです。**

とはいえ会社や職場で、上司やメンバーの予定は共有すべき。上司に判子をもらおうと急いで書類を作ったのに、気づいたら上司は外出していて家に直帰するらしい。そんな悲しい結末にならないよう、お互いのスケジュールは見える化すべきです。

職場でOutlookやGoogleカレンダー、サイボウズLiveなどのデジタルツールを使っていて、自分のスケジュールも同じ方法で管理する人は、あれこれ手を出さずに済みます。

問題は手帳を使っている人です（そもそも本書は手帳を使うことを奨励していますので、読者のみなさんになります）。

基本的に手帳は人に見せるものではありません。そのためスケジュールを周りの人に知らせるには、紙にせよデジタルにせよ、手帳以外のものに記録する必要があります。

大切なのは、優先順位をつけること。**手帳をメインにするなら、予定が入ったとき、変更やキャンセルがあったときは、すぐにその場で手帳に記入。**

メンテナンスは必ず手帳でしてください。これで間違いなく一本化できます。

手帳は自分のため、共有スケジューラーは他人のため。そう割り切ることも大切です。

予定は手帳に書き、その後で共有用に転記する。この順番を死守しましょう。

職場の人たちがきっと知りたいのは、あなたが外出したり会議に出たり、はたまた休暇を取ったりしてデスクにいない日時です。つまり、手帳に書いてあることすべてでなく、いわば他人に迷惑をかけないための情報だけ提供すればいいのです。

実は我が家でも夫婦のスケジュールはGoogleカレンダーに入力しています。夫が知りたいのはただひとつ。私に夕飯を作ってもらえるかどうかです。彼は料理をしないので、私が留守の日は外食してから帰るのです。逆に私が知りたいのは、夫が家で夕飯を食べるかどうかです。歓送迎会や飲み会があるのなら教えて欲しい。主婦業をサボれますから。

ただ、手帳派の私は、いちいち転記するのが面倒くさくて先送りすることがよくあります。

家族ですから「ごめん」で済みますが、職場では迷惑をかけないよう「毎週○曜日にまとめて転記する」などルールを決めましょう。アポイントメントの数によっては「毎月第1、第3○曜日」など、数週間に1度転記するペースでいいかもしれません。

ルールを決めたら、忘れないよう仕組みを作ります。

やり方は、小さな付せんに「スケジュール入力」などと書き、手帳の対応日に貼っておくといいでしょう。入力や転記し終わったら、付せんを使い回し、次回の対応日に貼り直してください。

こうすると、うっかり忘れをなくせるうえに、ToDoリストや手帳に毎回タスクを書く手間が省けて便利ですよ。

ステップ１　**スケジュール管理は手帳オンリー**

ステップ２　**定期的に共有スケジューラーに転記する**

いくつも使わない

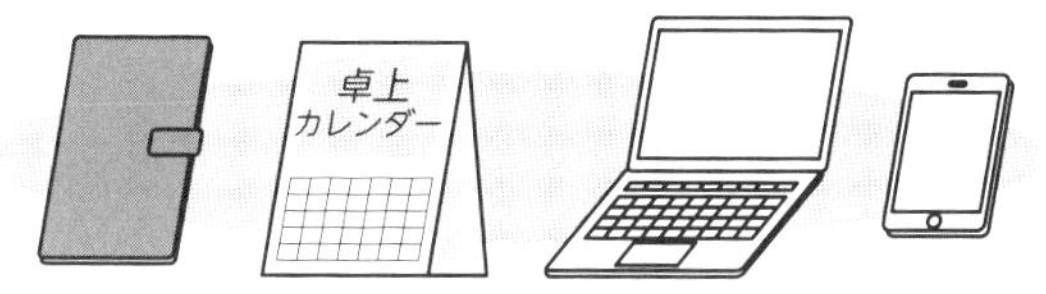

◎　２つ、３つのツールを併用するとミスしやすくなる

04 なぜアナログの手帳をすすめるの？

スケジュール管理をデジタルでするか？　手帳でするか？

これは、ビジネスパーソンにとって大きな問題です。

正解はないですし、会社や上司が「必ず○○にしなさい」と決めることもできませんね。あくまで個人の裁量に委ねられているのですから。

では実際のところ、スケジュールを管理するツールは、手帳などを使うアナログ派が多いのか、それともパソコンやスマホを使うデジタル派が多いのかを調べてみました。

日本能率協会マネジメントセンターの調べ（2015年）によると、スケジュール管理のメインツールは、「手帳（38・1％）」がトップ、2位「スマートフォン（26・6％）」、3位「カレンダー（18・0％）」、4位「パソコン（9・1％）」という結果でした。

オフィス環境はデジタル全盛ですが、手帳やカレンダーなどのアナログ派が57・8％いて、パソコンやスマートフォンなどのデジタル派41・6％を上回っています。

スマホさえあれば、スケジュール管理はできてしまいます。スマホがあるのに手帳を持てば、購入代はかかり、荷物も増えます。それでもなお、手帳にメリットを感じる人が依然として多くいるのです。

ミスをなくすために、私がおすすめするのは手帳です。

スマホの最大の難点は、電話をしながら見られないこと。「来週の予定はいかがですか？」と電話で聞かれたとき、即答できませんよね。

ビジネスシーンではスピードが大切なことも多いので、「確認してからかけ直します」では、話がうまく進まないこともあるはずです。**話しながらスケジュールを確認したり、約束した日時を書き留めたりするには、やはり手帳が便利です。**

ところで、ある企業で「スケジュール管理ができていない」と、上司から言われた人がいます。朝礼で今週の予定を発表するときや、「○○さん、今日は何時頃空いている？」と聞かれたとき、彼はとっさに答えられなかったからです。

でも、彼はスマホでスケジュールを管理していました。聞けば、パソコンでも閲覧できる利便さからデジタルを選んだとのこと。ただ、どうしても**画面を出すまでにパスワード**

を入力するなどの操作が必要なので、「モタモタしている」「仕事が遅い」、それが高じて「スケジュール管理できない人」というレッテルを貼られたようです。見た目で仕事の評価まで下がるなんて、もったいないですし、気の毒なことですよね。

手帳ならすぐにその場で行動に移せます。手帳を取り出して開くだけなので、2アクションでできてしまいます。これこそ大事。自分の時間はもちろん、相手の時間を奪わないのがビジネスの作法でもあります。

また、**仕事中にスマホをいじっていると、私用との区別がつきにくく、ましてやお客さまの前で操作しては「人の話を聞いていない」「無礼者」と怒られるのは目に見えています。**スマホ1台でできることは多い反面、何をしているのかわかりにくいのです。

手帳を取り出して書き留めると、「スケジュールをきちんと管理している」という暗黙のメッセージを発してくれます。見た目でも信頼を勝ち得ることができ、「この人に任せて安心」「一緒に仕事がしたいな」と思わせることができるので、一石二鳥です。

手帳	vs スマホ
電話しながら見られる	電話しながら見られない
取り出す→ページを開く ２アクション	取り出す→パスワード 入力→画面を開く ３アクション以上
「スケジュールをきちんと管理している」 という暗黙のメッセージを発するので信頼される	ゲーム？ SNS ？ メールチェック？ 何をしているのか わかりにくい

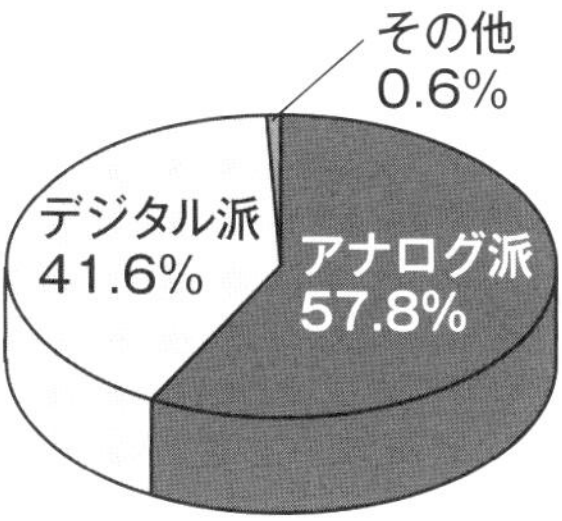

（株）日本能率協会マネジメントセンター調べ
2015年

◎ アナログでスケジュールを管理する

05 身につけたい4つの習慣

どんなにいい手帳を手に入れても、役に立つかどうかは使い方次第です。ぜひ、あなたの秘書として「片時も離れたくない」と思うほど、信頼のおける相棒に昇格させてください。「この手帳があればスケジュールミスは絶対に起こさないぞ」、そう断言するために、あなたに身につけて欲しい習慣が４つあります。

① 手帳とペンをセットしておく

当たり前のようですが、手帳があっても文字を書けなければ意味がありません。いつでも、どこでも書き込めるようにするには、常にペンをセットしておくことです。

とくに外出先で携帯電話が鳴り、話を聞きながらメモするときは、片手で手帳を取り出し、速攻でメモを取るのでペンを探す時間などありません。手帳用のペンを用意し、常にペンホルダーか表紙に差しておいてください。

②その場で書く

繰り返しになりますが、手帳はすぐにその場で書く。これはミスを防ぐ基本中の基本です。「後で書けばいい」と先送りすると、時間が経つにつれ記憶は遠のきます。

③定位置を決める

「あれ？　手帳はどこだっけ」と毎回探すのは、時間のムダです。保管する場所や定位置を決め、瞬時に取り出せるようにしておきましょう。

スケジュールを聞かれたとき、「今、手帳がないので後から確認して電話します」では、お互いの時間をロスしてしまいます。とくに急いでいる相手にはスピードよく対応しないと、あなたの評価が下がってしまうので、いつでもどこでも即答できるよう手帳の定位置を決めておきましょう。デスクワークするときの定位置、外出するときはバッグの中の定位置。この2つさえ決めておけば安心です。

④持ち歩く

手帳を持ち歩かないと、すぐにその場で書き留めることができないので、スケジュールミスにつながりやすくなります。

手帳を持っていないとき、予定を聞かれて「その日はたぶん空いていると思います」と記憶を頼りに答えたことはありませんか？　先約があるのに忘れて安請け合いし、「後で手帳に書けばいい」と思っているうち、うっかり忘れ。**ダブルブッキングは、手帳のないとき起こりがちとも言えるでしょう。**

スケジュールミスをなくすために、手帳は持ち歩きましょう。**社内の打ち合わせや上司に呼ばれたとき、社外へ出かけるときは必ず手帳を連れていってください。**通勤中や休日、自宅でも手帳が見られるようにしておけば安心ですね。

となると、持ち運びしやすいサイズや重さが便利です。**分厚くて重いと、ついデスクの引き出しに置きっぱなしにしやすくなります。**

また、表紙の色は黒が定番ですが、ビビットな色にするとデスクやバッグの中で手帳がすぐに見つかりますよ。

あなたも4つの習慣を身につけてください。決して難しくないのにリターンは大きく、あっという間に手帳を味方につけることができるでしょう。

習慣１　手帳用のペンを決める

ペンホルダーに差す

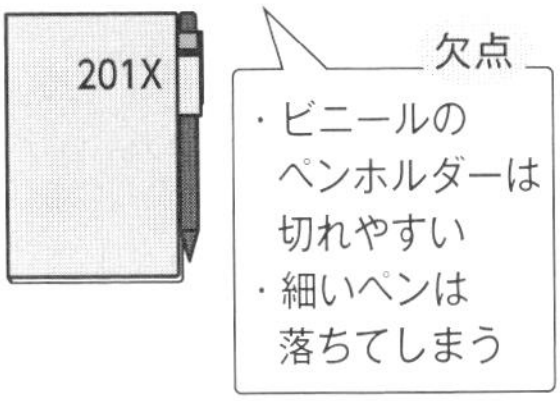
201X
欠点
・ビニールの
ペンホルダーは
切れやすい
・細いペンは
落ちてしまう

表紙に差す

201X
欠点
・太いペンは
厚みが出て
しまう

習慣２　すぐにその場で書く

習慣３　定位置は２つ

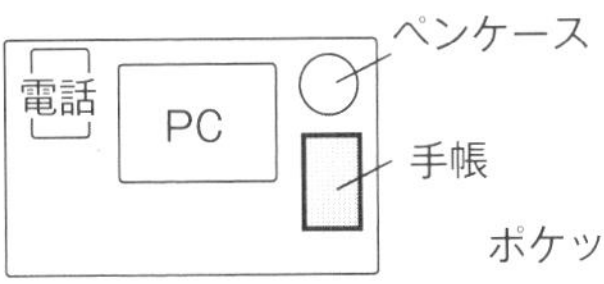
電話
PC
ペンケース
手帳

デスク

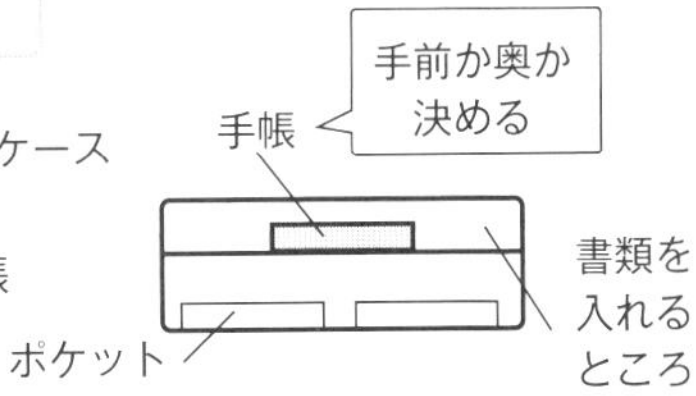
手帳
手前か奥か
決める
書類を
入れる
ところ
ポケット

ビジネスバッグ

習慣４　持ち歩く

社内でも社外
でも持ち歩くよ
手帳

◎　４つの習慣を身につける

第２章

手帳の実践的な使い方

01 締切りは数字で確認する

納期遅延をなくすには締切りをハッキリさせ、相手と自分の間で解釈のズレがないようにしておきましょう。

「できるだけ早く」「来週の前半まで」「月内に」などの言葉はあいまいなので却下。もし相手からこれらの言葉で納期を言われたら、「○月○日○曜日○時でよろしいですか」と数字にして尋ねてください。なぜなら「できるだけ早く」のままでは手帳に書き込めませんよね。**必ず数字にして、相手に了解を得てから手帳にメモすると、誤解による遅延ミスをなくせます。**

人は自分にとって都合よく解釈しやすいもの。仕事を頼む人は早く欲しがり、頼まれる人はつい先延ばししたくなります。

また、自分勝手に納期を決めると「言った」「言わない」のトラブルになったり、ミスやエラーにつながったりしかねません。納期逆算で計画を立てるためにも、進捗を管理するためにも、納期は数字で確認する。これで納期遅延やコミュニケーションミスがなくせます。

ステップ１　数字で可視化する

あいにく先約があるので
３日いただけますか？

○月○日○曜日 17 時 納期なら
喜んで承ります。

ステップ２　OK が出てから手帳に書く

×
「なるはや」でお願い
はい！
急いでいるみたいだから３日後に提出してあげよう
２日後
遅いよ！いつまで待たせるんだ！

◎ 納期は数字にして確認する

02 My締切りの作り方

締切りに遅れると、納期遅延とか約束を守れない人、仕事が遅い人などと酷評されてしまいます。そうならないよう、締切りは2つで管理しましょう。

おすすめするのは、本来の締切りの他に「My締切り」を作ること。**相手が設定した期日を「You締切り」と名づけたら、それより1日以上早めた「My締切り」を決めます。**

手帳にはYou締切りを書き、その後でMy締切りを書きます。2つとも書いておかないと本当の締切りがいつなのか、わからなくなるのでセットにしてください。

My締切りまでに相手に納品しますが、早さを重視するあまりミスがあるといけません。そのため**My締切りの前日までに完成させるようにし、書類を一晩寝かせてからチェックしましょう。**できたてホヤホヤのときは、「正しい」という思い込みが邪魔をしてミスに気づきにくいためです。翌日になってから冷静な目で見直すと、ミスに気づきやすくなります。修正してミスをなくし、品質を上げてから相手に提出しましょう。

一方、締切りの当日まで手許に置いておくと、誤って送り忘れることも。それに、ずっと緊張状態が続きます。終わった仕事はどんどん手放し、ストレスも減らしてください。

アクションごとに書き出し、矢印でつなぐ
「送信」だけだとヌケモレの原因に

1日（月）	2日（火）	3日（水）	4日（木）	5日（金）
		完成	見直し→ 修正→ 上司チェック→ 送信 A社企画書 My締切り	A社企画書 You締切り

You 締切り…相手が決めた本来の締切り
My 締切り　…自分が決めた締切り
You 締切りより１日以上早める

ポイント

・You と My 両方書いておかないと、本当のデッドラインがわからなくなる
・My 締切りに提出すれば You 締切りに何があっても遅れない

◎ 締切りは２つ作る

03 着手する日を書く

納期遅延ミスをなくすために、もうひとつ書いて欲しいことがあります。それは着手する日です。

締切日だけを書くと、当日気づいたとしても間に合わないことがあります。その仕事にかける十分な時間が取れないからです。

段取りを整えるには、ゴールから逆算して充分な日数や時間を確保することが大切。そのためゴールとスタートはセットにすべきです。

スタートするのは、早すぎるくらいがちょうどいいタイミング。ギリギリに着手するとリスクは高く、割り込み仕事や至急の案件、体調不良などで予定通りできない状況も予想されます。

もし、**月末など特定の日に複数の仕事の締切りが集中する場合は、着手日をずらせばムリ・ムラがなくせ、平準化できます。**

納期のある仕事は、手帳に「Ｙｏｕ締切り（本来の締切り）」→「Ｍｙ締切り」→「着手する日」の順に書き、進捗を管理しましょう。

着手する日を締切日とセットにして書く人
↓
充分な時間を確保できる
↓
ミスなし、納期よし、品質よし

締切日だけ書く人
↓
直前で気づくと時間が足りないことも！
↓
ミス、納期、品質が危うい

月末など特定の時期に締切りが集中するとき

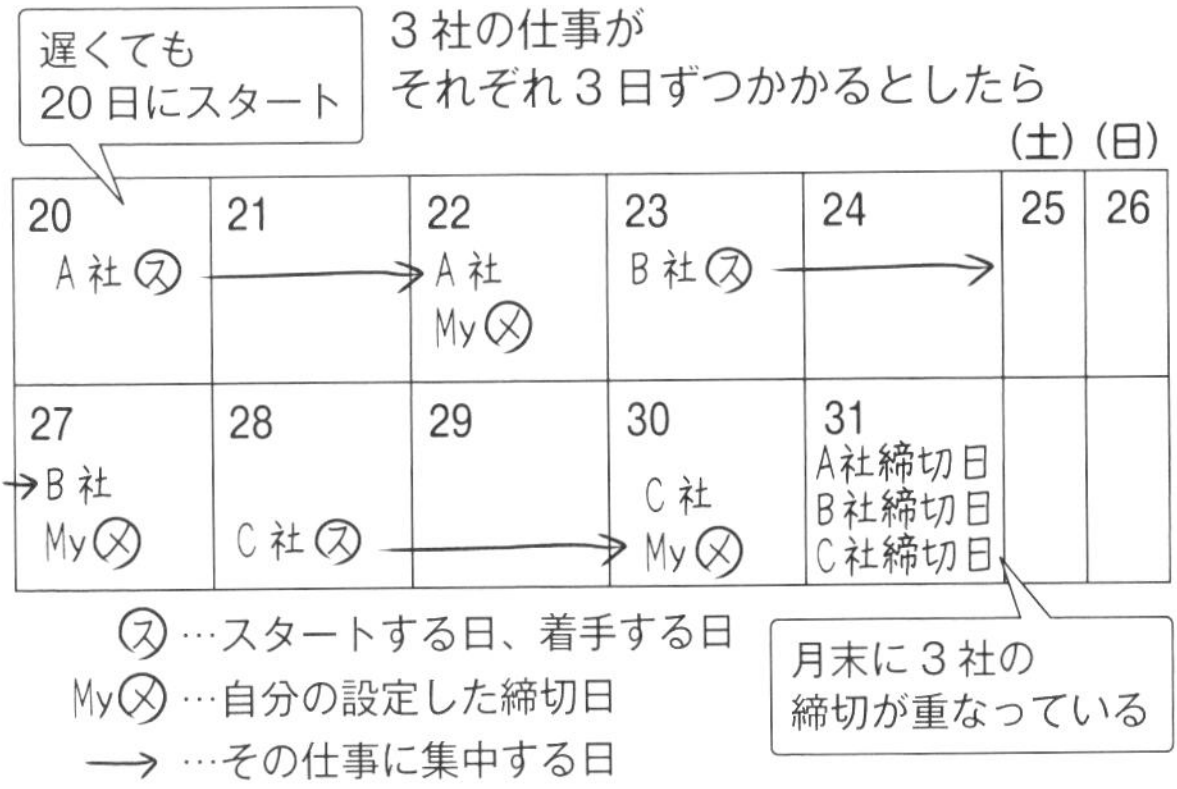

早く届いて怒る人はいない
完成した順に提出してしまおう！

◎ ゴールとスタートはセットで記入する

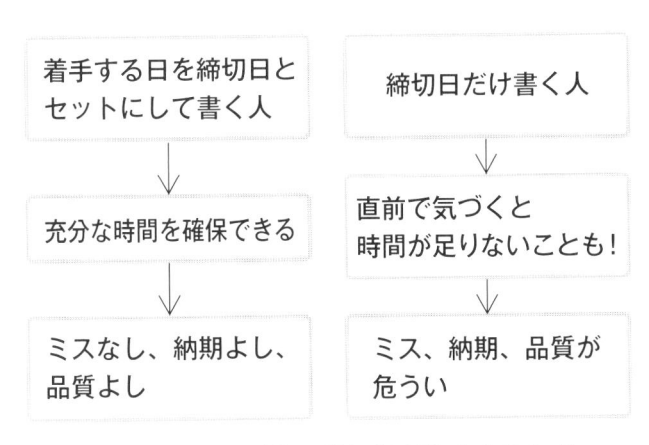

04 時間を先に書く

アポイントメントが決まったとき、あなたは手帳にどのようにメモしていますか？

時間、企業名、案件、目的など、書くことは人それぞれでしょう。

これらを思いつくままメモすると、その都度違ってしまい、後で見返すときに不便です。ごちゃごちゃして大切なことを見落とす心配もありますね。

そこで順番を統一して、時間を先に書くことをおすすめします。**「14：00　ABC商会」など、とにかくスタート時間を先に書くよう習慣づけるといいでしょう。**

うっかり忘れ、遅刻、ダブルブッキングを防ぐには時間を見える化し、一目瞭然にすることが大切です。いつでも時間がパッと目に入るようにしておきましょう。

また、**企業を訪問するときは、先方の担当者名を書くのもお忘れなく。**

訪問先企業の受付で「お名前は何だっけ？」と急に思い出せなくなることがあるからです。受付でスマホを出し、メールのやりとりを確認するのは格好が悪く、遅刻の原因にもなるので、備忘録がわりに書き留めておくと安心です。

最低限必要なことを書くだけで、手帳はあなたを救ってくれます。

ポイント1　**時間が先頭**

14:00　ABC 商会
時間　＋　訪問先

ポイント2　**時間は24時間法**

×午前午後法…8時→朝8時？ 夜8時？
◎24時間法…20時

ポイント3　**情報を足すときは大中小の順**

14:00　ABC 商会　法人営業部　佐藤さま
企業名　→　部署名　→　担当者名

ポイント4　**同じ日に複数のアポがあれば時間順に並べる**

10:00　池田物産 ↓
14:00　ABC 商会

ポイント5　**終了予定がわかれば入れておく**

16:00～17:00　勉強会

◎　いつでも時間が先頭のルールを守る

05 持ち物を書いておく

アポイントメントのある日、「しまった、忘れ物をした」と気づくと、取りに戻ったり、先方のところへ後日もう一度足を運んだりして、どんどん時間を失ってしまいます。

出張の当日、新幹線や飛行機の時間が迫っていれば、取り返しがつきません。

そこで手帳に持ち物を書いておきましょう。**取引先やお客さまを訪問する日付のところに、持っていくものを書き添えておくと忘れ物がなくせます。**

このとき「書類」だけだとアバウトで思い出せないこともあるので、「パンフレット」「企画書」「見積書」「契約書」などと具体的に書き、ものなら「印鑑」「名刺○枚」「お土産」のように書いておくといいでしょう。

ただ、このメモをずっと残しておく必要はありません。そのため付せんに書いて手帳の対応日に貼っておき、用が済んだら捨ててしまうのも一考です。

とくに予定を入れた日と訪問日が離れていると、いちいち持ち物まで覚えきれません。

持ち物メモで忘れ物をなくしましょう。

忘れ物によるミス

1. 企画書を持参し忘れた
   → 書面がないまま説明し、失注
2. 出張先で渡すお土産を忘れた
   → 現地で調達するも心が伝わりにくい
3. 名刺が足りない
   → 自己紹介がさまにならず、第一印象がダウン

手帳に持ち物を書いておく

20	21	22	23
10:00 ○○銀行	18:00 交流会	10:30 □□不動産	
請	名刺 50 枚	ハンコ	

請求書… 請 など略語を決めてもいい

◎ 忘れ物をしなくなるような工夫をする

06 いらない書き込みは消す

「定食屋さんでランチする予定、今日だったよね？」と、知り合いから不安げな声で電話がありました。約束は明日。それなのに彼は日付を間違えてお店に行き、待ちぼうけを食らったようです。

翌日、彼の手帳を見せてもらうと、2日連続して「鈴木さんとランチ」と書いてあります。数日前に日程を変更したのですが、彼は反故になった約束を消さずに新旧両方の約束を書いたままでした。

予定の変更はよくあること。日付の勘違いをなくすには、変更後の約束を書くとき、その場で変更前のいらない情報を消すことです。**手帳用の筆記用具に「フリクション」を使うとキレイに消せるので、手帳が白色に戻ります。**

鉛筆で書くと消しゴムが必要なので、消すのを後回ししやすくなります。ボールペンだと修正テープを使うのは面倒ですし、二重線を引くと変更するたび文字数は増えます。

手帳はスッキリさせるほど見やすくなります。いつでも最新の予定がわかるよう、いらない書き込みはどんどん消すようにしてください。

消せるボールペン　VS　消せないボールペン

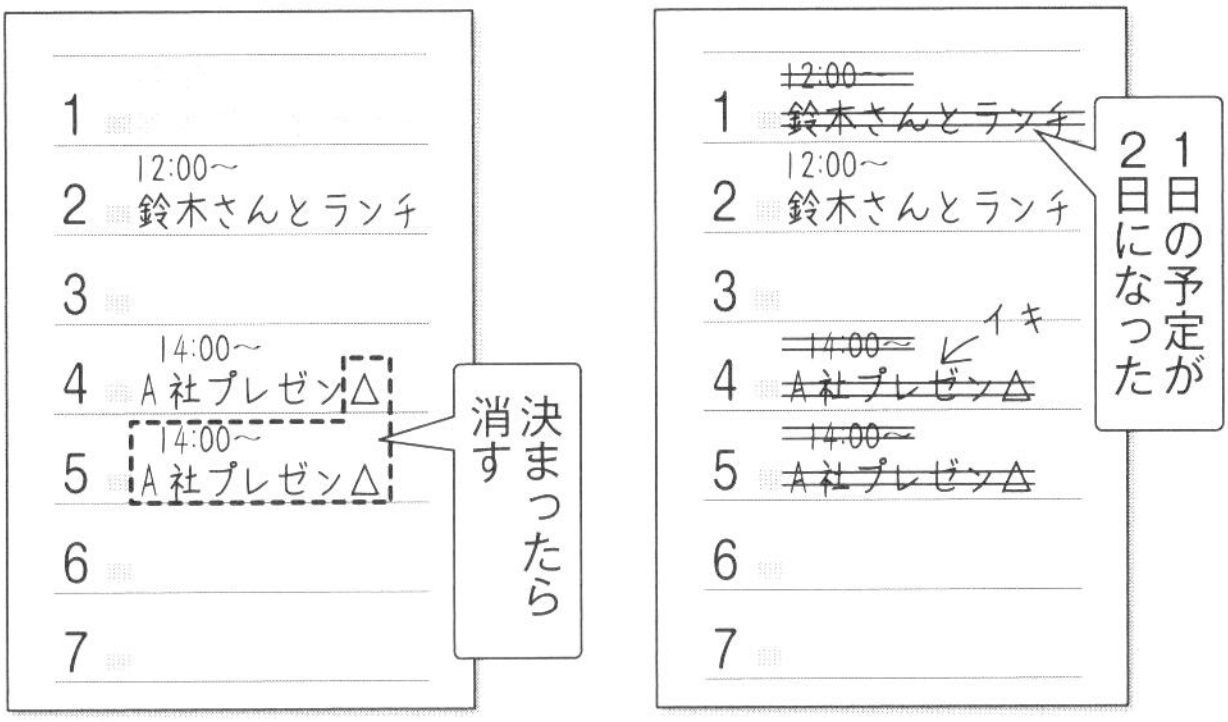

スッキリ キレイ　　　　ごちゃごちゃ

変更になったとき	
変更前のいらない書き込みは消す	二転三転すると書き込みが増えていく
候補日や仮押えが複数あるとき	
△をつけておき、先約ありとみなす 決まったら、いらない書き込みは消す	いらない書き込みで面積が埋まり、他のことが書けない

◎ 予定はモレなくダブりなく

07 消せる3色ボールペンで書く

せっかく手帳にメモしても、書いたことを見落としてしまうと、大事なアポイントメントや納期をすっぽかすミスにつながります。

黒1色にするとメリハリがつけにくいので、フリクションの3色ボールペンを使って色分けするのがおすすめです。パッと見れば視覚に訴える効果があるからです。

すでに0・5ミリタイプをお持ちの人は多いはず。では0・38ミリタイプが新登場したのをご存じですか？　細字で書けるので手帳に向いています。

手帳は電話に出ながら書くこともあるため、ペンがノック式のデザインですと片手で操作できて便利です。

私は、「赤字＝締切り、黒字＝外出予定やアポイントメント、青字＝自分のタスク」に色分けしています。目立つのはやはり赤字なので、締切日のデッドラインを見落とさないよう注意を喚起できますよ。

色分けのルールはあなた次第。仕事とプライベートで分けたり、自分と上司・同僚、または自分と家族で分けたりするのもいいでしょう。

フリクションボール 3/0.38 がおすすめ

３色ペンの活用術（例）

黒…相手のある仕事（外出予定、アポイントメント）
青…自分のタスク（やるべきこと、計画）
赤…締切日

他には
・仕事とプライベートで分ける
・上司と後輩、自分で分ける
・家族と自分で分ける

※色分けはルールにし、
手帳の裏表紙などに書いておくと忘れない

◎ 色分けして大事なことは見落とさない

08 消せるマーカーで囲む

手帳に文字だけ書くと、面積が小さくて見落としてしまうことがあります。

そこでマーカーで囲んで目立たせるのもアイデアのひとつ。**業務別に色を変えると行動予定が一目瞭然です。**マーカーもフリクションにすれば消せるので、変更があっても汚くなりません。

フリクションのマーカーには原色とソフトカラーのラインナップがあり、手帳には優しい色合いの後者が向いています。社内会議はソフトグリーン、外出予定はソフトピンク、休暇はソフトバイオレットなど決めてみてください。囲まれた箇所がグンと目立つので「先約あり」とすぐに判別でき、ダブルブッキングを防げます。

さらに**マーカーの色のバランスを見ると、どんなことに時間を割いているのか、ちゃんと休みを取っているのかも、ひと目でわかります。**

私は研修やセミナーに登壇する日をソフトピンクで囲んでいます。「ピンクは月10日」と目標設定しているので、進捗管理や自己評価するのも、手帳を眺めるだけで簡単にできます。

文字だけだと見落としやすい

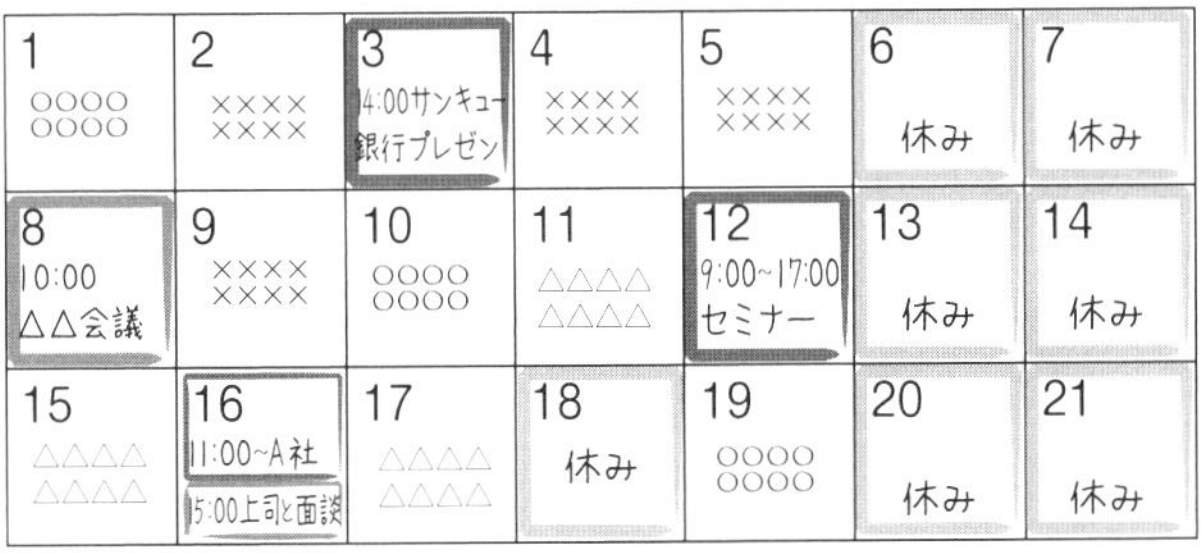

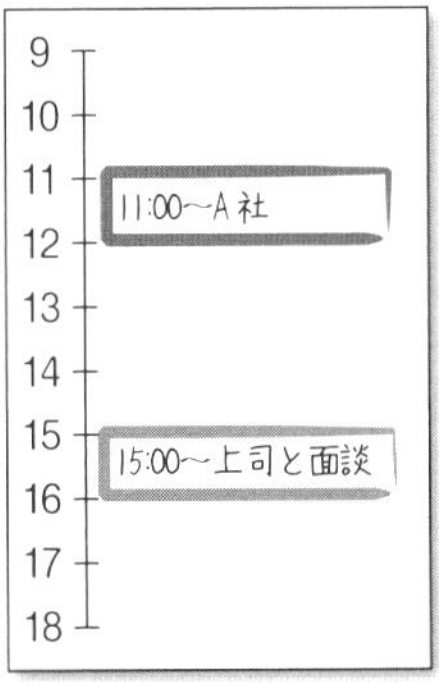

色分けのルール（例）

ソフトグリーン…社内の打ち合わせ
ソフトピンク…外出予定
ソフトバイオレット…休暇

メリット

・大事な要件がグンと目立つ→すっぽかさない
・先約のあるなしが一目でわかる
　→ダブルブッキングしない
・どんなことに時間を割いているかわかる
・目標設定と進捗管理ができる

◎　すっぽかすとまずい予定を囲む

09 スッキリわかりやすく書く

手帳は1日分のスペースが限られているので、あれこれ書きすぎると、ごちゃごちゃして見にくくなります。大事なことを見落とさないためには、スッキリを心がけましょう。読むというより、パッと見ればわかるように。

おすすめしたい書き方は2つあって、**1つ目は字数を減らすこと**。文章でなく体言止めといって名詞で終えたり、言葉を省略してみてください。

2つ目は、記号や略語を使うこと。例えば「締切日」は「〆」にすると3文字から1文字に減らせます。郵便局やポストに行くときは「〒」、移動するときは「↓」を使って「池袋↓新宿」「A社↓B社」などのようにします。使いやすいものを決めてみましょう。職場のメンバーのことは、名字の漢字を○で囲むのもあり。鈴木は「㊎」で、きっと伝わりますよね。

ただ、**思いつきで略語をどんどん増やすと、わけがわからなくなるので要注意**。「M」はメールなのかミーティングなのか、勘違いしたらミスにつながってしまいます。マイルールを決めたら手帳に書いておくか、大きめの付せんに書いて手帳に貼りましょう。

字数を減らす

総合商社Ａ社を訪問する
→Ａ社訪問
体言止め

花丸コンサルティングでプレゼンテーションする
→花丸コンサルプレゼン
短縮

記号や略語を使う

締切日	〆（丸囲み）	
郵便局（ポスト）に行く	〒（丸囲み）	
移動する	→	池袋 → 新宿 A 社 → B 社
電話する	Tel	
同僚の名前	㊙鈴（丸囲み） 田（丸囲み）	名字１文字を○で囲む 鈴（丸囲み）…鈴木部長 田（丸囲み）…田中さん

※マイルールを忘れないよう裏表紙などに書いておく
　増やしすぎると間違えやすいので注意

◎　パッと見てわかるように書く

10 デスクでは開いたままにする

デスクにいるとき、手帳は開いたままにしておきましょう。

いつでも見られるようにしておけば、書いたことを見落とすミスがなくせます。

というのは以前、書類の提出期限をうっかり忘れて、取引先に催促されたことがありました。「しまった」と思って手帳を開くと、しっかり締切日が書かれています。ではなぜ忘れたかといえば、手帳を見返さなかったからです。**書いただけで安心していた自分を反省しました。**

以来デスクにいるときは、ブックスタンドに手帳を立て、開いたままにしています。なぜブックスタンドかといえば、寝かせるより立てるほうが見やすく、省スペースだからです。おかげで1日に何度も見る習慣が身につきました。定位置が決まっているので、手帳を探すこともなくなり助かっています。

デスクの引き出しやバッグの中に手帳を入れっぱなしにすると、見返す回数はきっと減るでしょう。毎回取り出すのが面倒になり、「後にしよう」と油断しやすくなります。

嫌でも見える作戦にすると、うっかりミスがなくせます。

ブックスタンドに立てる

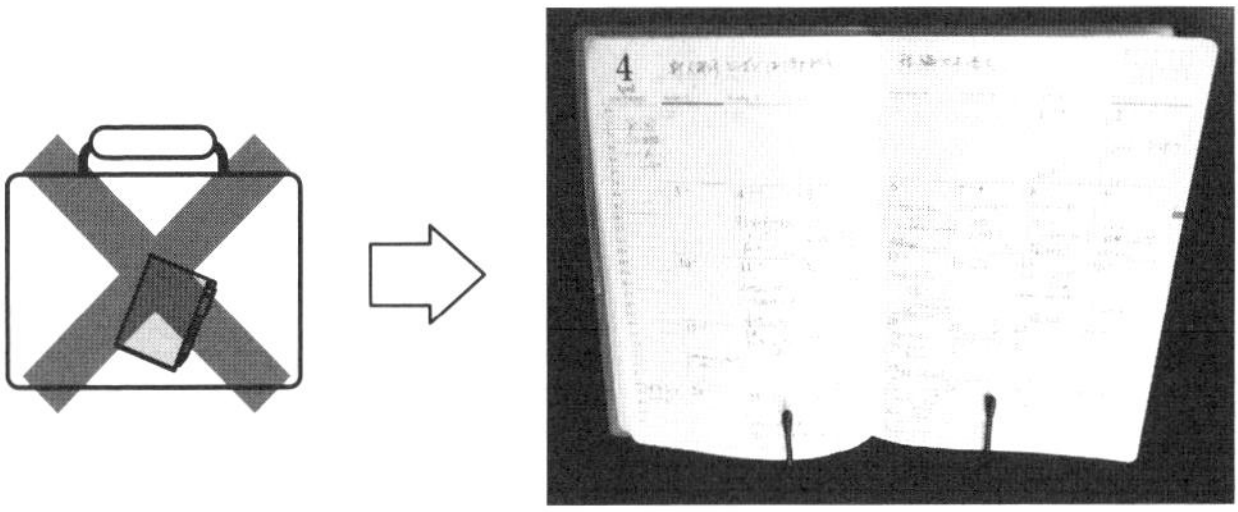

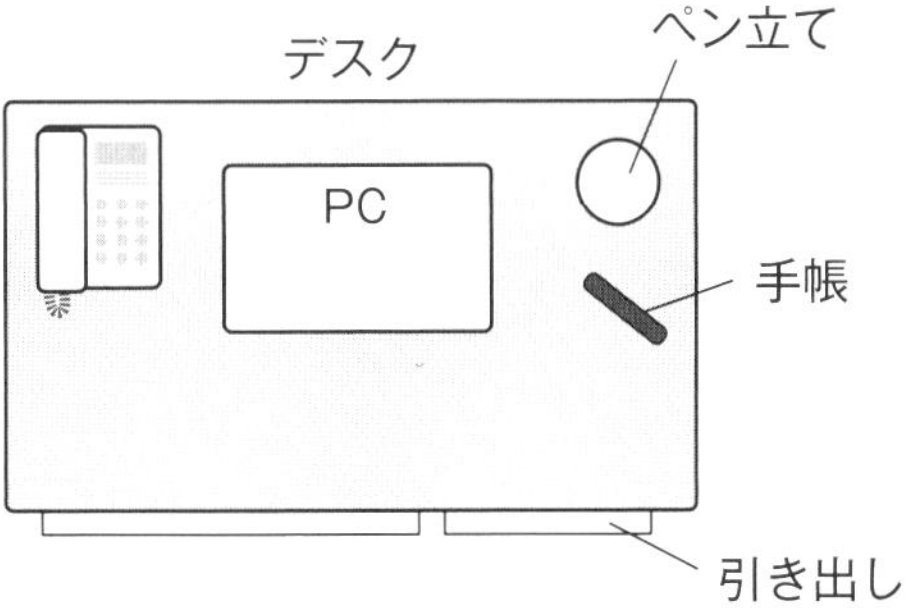

ブックスタンドは書店で売っていることが多い

デスクの引き出しやバッグに入れたまま
→ 手帳を見る回数が減る

◎ いつでも手帳をチェックできるようにする

11 次のページが危ない

手帳で危ないのは、次のページです。

というのは使い手が、つい〝今〟に集中しがちだからです。

マンスリータイプを使う人は今月の予定、ウィークリータイプを使う人は今週の予定、デイリータイプを使う人は今日の予定を念入りにチェックすることでしょう。それに比べて次のページとなると、見ることがありません。

例えば**マンスリータイプを使う人は、今月のページばかり見ていると、来月はじめの予定を失念しやすくなります。**月末に「今月も無事に終わった〜」とホッと安心しても、月を跨ぐ仕事があるのではないでしょうか。翌月になってから気づくと、間に合わないこともあります。

集中するあまり蟻の目になってはダメ、鳥の目を持つことが大切ですね。

どんなタイプの手帳であれ、全体のスケジュールを俯瞰してから今日の計画を立てるべきです。ＴｏＤｏリストを作るとき、常に先を見てから計画を立てると、段取りが整うのでミスがなくせます。

年間 → 上半期·下半期 → 月間 → 週間→ 1日

◎ 先の予定を確認してからＴＯＤＯリストを作ろう

12 電話番号とパスワードを書いておく

スマホや携帯電話を忘れたり、急に充電が切れたときに備え、電話番号とパスワードを手帳に書いておきましょう。

まずは電話番号。自分の番号は覚えていても、他人のものまで丸暗記するのはきっと無理ですよね。**メモして欲しいのは職場、上司や同僚の携帯電話番号、主要な取引先、家族の勤務先と携帯電話番号などで緊急時の備えになります。**

初対面の人に会うときは、手帳の予定欄に先方の電話番号をメモしておくと安心です。

もうひとつはパスワード。あなたがスマホからアクセスするサイトは何でしょう？　私の場合は、エクスプレス予約です。新幹線の予約はパソコンでしますが、出張中に時間を変更したいときはスマホで行います。駅の窓口では対応してもらえないサービスだからです。

ただ、以前パスワードがわからなくてログインできず、困ったことがありました。それ以来、パスワードを手帳に書くようにしています。

ただし、手帳をなくすと悪用される場合があるので、注意してください。

電話番号とパスワードは手帳に書いておく

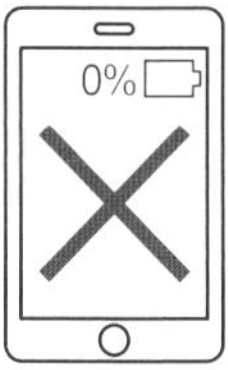

電池切れや故障に備える

・あなたの職場の固定電話番号
・上司や同僚の携帯電話番号
・主要な取引先の電話番号
・家族の勤務先の電話番号と携帯電話番号
・よくアクセスするサイトのパスワード

初対面の人と会うとき

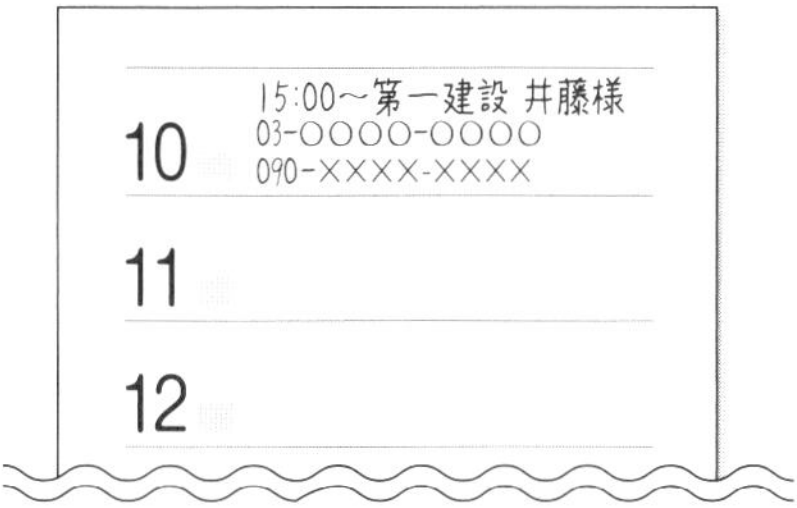

・訪問先の企業の電話番号を記入
・商談相手の携帯電話番号を記入

◎スマホに頼りすぎない

13 ワクワクする予定を先に書く

仕事にストレスはつきものです。かといって手帳を開くたび「は〜あ、あれもやらなくちゃ。これもやらなくちゃ」と自分を追い込まないで欲しいのです。

開くのが楽しみになるような手帳にする。そのため、真っ先に書いて欲しいことがあります。それはワクワクする予定です。

例えば、給料日やボーナス支給日、自分や家族の誕生日、○○記念日などは、あらかじめ決まっていますよね。まずは、これらを書き込みましょう。

仕事とプライベートは区別せず、むしろ両方書いてください。年末年始休暇や夏休み、有給休暇は働く人の特権です。「このあたりに休みたい」と思ったら、「休み（仮）」としてどんどん書き入れましょう。上司に申請するのはその後でかまいません。

手帳は段取りを整える最善のツールですが、仕事のことばかり書くと、やる気が下がり品質低下やミスにつながります。

ワークライフバランスは手帳で計画して、叶えるものだと思います。

仕事のことだけ書くと逆効果

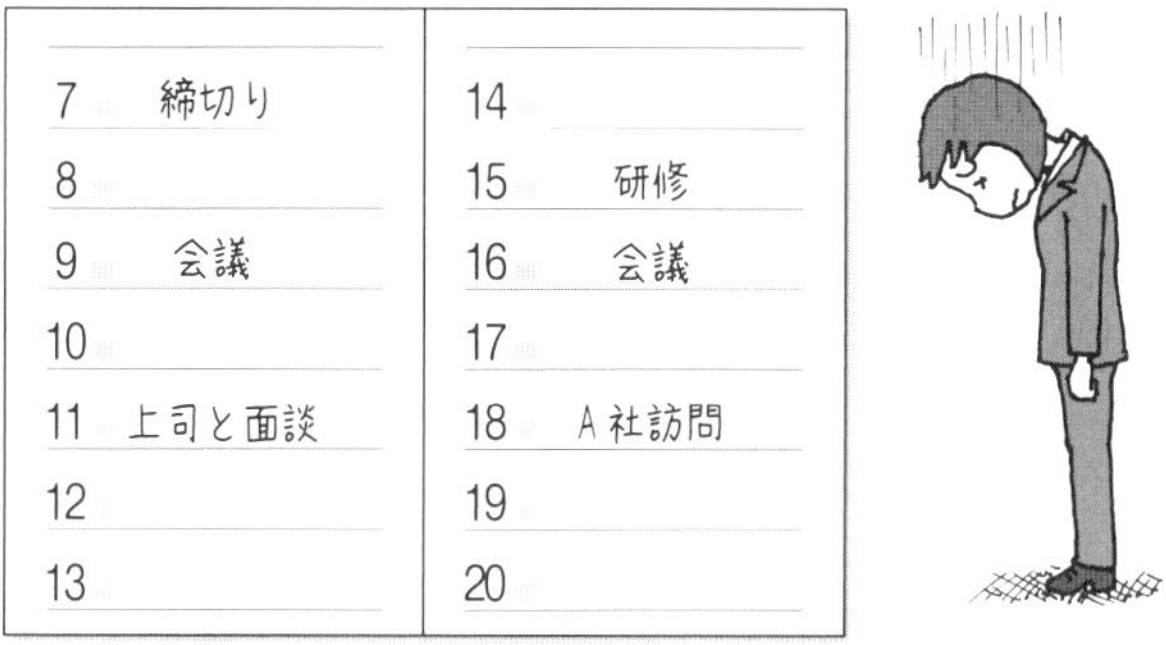

公私混同する

◎ 手帳は公私混同するのが正しい

14 自分時間を確保する

仕事を頼まれたり、誰かと会う約束を交わしたりすると、「忘れちゃいけない」「遅れてはいけない」と思い、手帳に予定をしっかり書くでしょう。

思うに、私たちは自分のことより他人との約束を優先しがちです。さらに割り込み仕事も急に入ってきたりします。それら全部を「いいですよ」と引き受けると、せっかく立てた計画が狂い、自分の首を絞めることになりかねません。

思い当たる人は、自分主導で仕事をするようにしましょう。

ひとりで考えたり下調べしたり、事務や単純作業をするのも立派な仕事です。それらを「自分時間」として手帳に書いておかないと、「空白だから暇」と勘違いしてどんどん予定を入れてしまうことに。このままではデスクワークをする時間がいっこうに持てず、焦ってやっつけ仕事をしてケアレスミス多発、精神的に追い詰められてストレスがたまっていきます。

デスクワークする予定も手帳に書いておけば、「先約あり」と一目でわかります。

「自分時間」は、その名の通り自分で作るものなのです。

空白＝暇ですか

1	2	3	4	5	6
				企画書 締切日	

1日

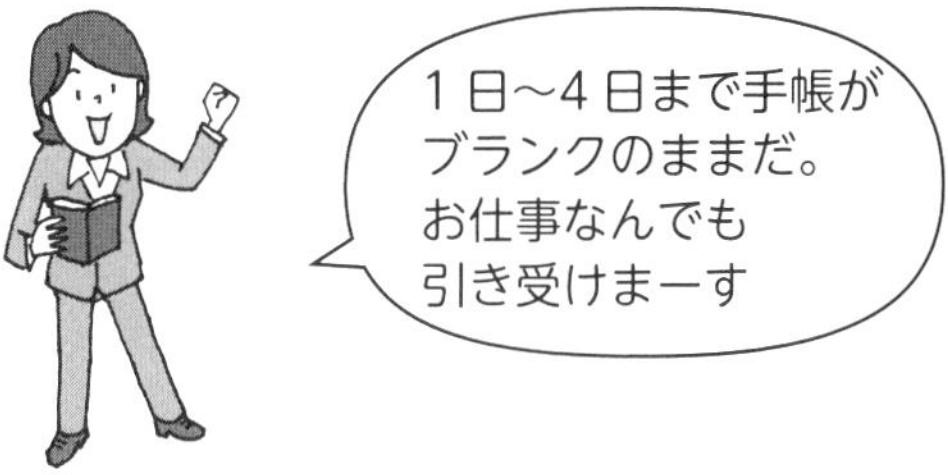
1日～4日まで手帳が
ブランクのままだ。
お仕事なんでも
引き受けまーす

5日

企画書が作れない…
毎日出歩いてるから
こんなことに!?

デスクワークする予定を書いておく

1つの仕事でも工程はたくさんある

1	2	3	4 見直し	5 予備日	6
昨年までの 企画書を 読む	ノートに アイデア出し 上司に報告	企画書 作成	企画書 My ㋛	企画書 締切日	

◎ まずは手帳で自分時間を予約する

15 体調日記をつける

大事な仕事で穴をあけないよう、体調を管理しましょう。

とはいえ人は生身ですから、絶対に病気にならないとは言いきれません。むしろ誰にだって弱いところがあるでしょう。ならば負とうまくつき合うことも大切ですね。

手帳に体調を書いておくと、セルフメンテナンスに功を奏します。

実は私、片頭痛の持病があります。高校生のときにはじまり長いつき合いです。名医の先生に診てもらったとき、「頭痛日記」を渡されました。それから1年間、痛みを折れ線グラフにし、天気や行動、気づいたことも毎日書き出しました。

完治するには至りませんが、この日記のおかげで頭痛になりやすい条件がわかりました。それから大事な仕事があると「アルコールは控えよう」「早く寝よう」と心がけています。誘惑に負けると後悔するので、強い意志を保てるようにもなりました。

あなたも体の弱いところについて、または不調を感じたとき、手帳につけてはいかがでしょう。**日頃からムリをしない生活習慣が身についたり、早い段階で病気のサインに気づけたりする**かもしれませんよ。

あなたの体、弱みは何？

↓

弱みを重点的に手帳につけてみる

↓

体調が悪くなるときの傾向がみえる

↓

対策を立て、自分でコントロールする

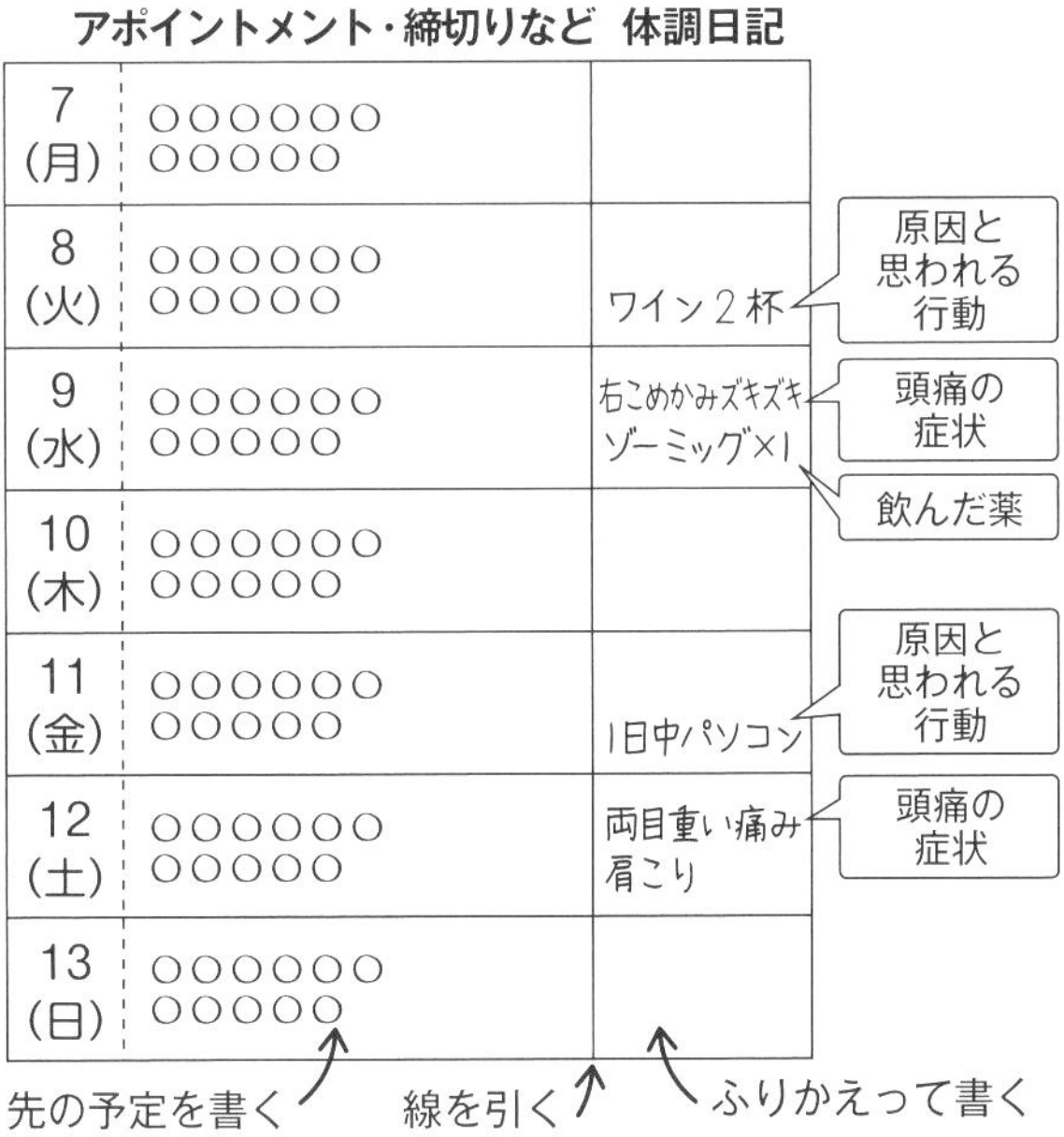

◎ 負とうまくつき合う

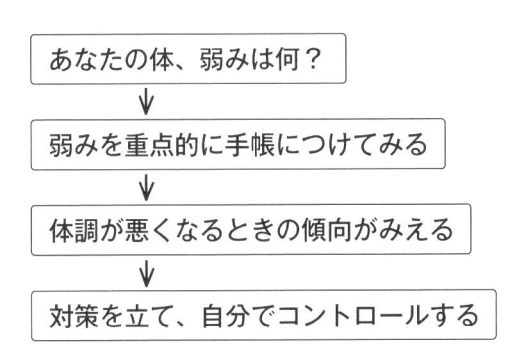

第3章

メモの基本

01 メモ魔になれ！

あなたがお客さまの立場になったときを想像してみてください。どんな人に仕事を頼みたいですか。どんな人なら安心して任せられるでしょうか。

私なら、きちんとメモをする人に仕事をお願いしたいです。

例えば食事に行って飲み物や食べ物を注文するとき、たまにメモを取らないスタッフの人がいますよね。記憶力に自信があるのでしょうが、厨房へ向かう途中、他のテーブルから「ビールおかわり」だとか「水を持ってきて」だとか、あれこれお願いごとをされて結局忘れてしまう……。

このような飲食店でのオーダーミスは、よくあることでしょう。

メモをする人とメモをしない人の違いは、習慣にあるのかもしれません。

メモをする習慣を身につけてしまえば、ミスが激減し、仕事の段取りがよくなります。

一方、メモをする習慣のない人は不幸になります。**書くという、ほんのひと手間をサボっただけでミスが激増し、段取りもうまくいきません。**怖いのは、ミスの原因がメモを取らないことにあると気づきにくいことです。それに他人は「メモを取ったほうがいいよ」と教えてくれないでしょう。

私はこれまで何人かの「困ったちゃん」と仕事をしたことがあります。どんなことが迷惑だったかというと、思いつきで指示をしては忘れる、頼んだことをやってくれない、話が二転三転する、などでした。彼らは普段からメモを取らず、年齢は50代以上という共通点もありました。

習慣は長ければ長いほど、それを変えるのが億劫になります。長く働くと自己流やプライドも邪魔します。でも、習慣を変えるのに遅すぎることはありません。

いくら肩書きや経歴が立派でも、トークが巧みでも、交わした約束を守らない人、忘れてしまう人は、軽蔑されてしまいます。

信頼とは一朝一夕で手に入るものではありません。ですが、小さな約束を守り続けると、やがて「あの人に任せて安心」と思ってもらえるようになります。

逆に言えば、**メモを取る習慣を身につけるだけで、ミスをなくし相手の期待に応えられ**

るようになります。新入社員や若手社員だって、早いうちに大事な案件を任せてもらえるのです。

メモ魔になれ！

ミスが多くて悩んでいるのなら、あなたもメモ魔になってください。

私がメモ魔になった理由は、自分に自信が持てなかったからです。デスクの席を立って数秒後に「何をしようとしたんだっけ？」と思い出せないのは、日常茶飯事。このままでは、必ずお客さまに迷惑をかけてしまうと思ったのです。

あなたも「メモだけは取るぞ」、そう自分と約束してください。

仕事ができるかできないかは、先天的なものではありません。失敗を繰り返しながら、少しずつ軌道修正すればいいのです。

これまでメモを取らなかった人は、今日からメモを取る人に変わりましょう。

“信頼貯金”の残高を増やそう

¥10000
100
100
100

	人の話を聞くときメモを取っていますか？
	小さな約束を守っていますか？
	同じ失敗を繰り返していませんか？

私に
お任せ
ください
お願いしたいこと
があるんだけど…
(今日もメモを
取っていないぞ)

◎ メモを取って相手の期待に応える

02 メモ帳の選び方

各社で研修をすると、書くものを持ってこない人がいます。理由を聞くと「案内状に持ち物が書いてなかったから」と答えますが、社会人になれば筆記用具は言われなくても持っていくようにしたいものです。

また、手帳とノート、メモ帳はそれぞれ別物です。手帳にはスケジュールを書きますが、仕事を教わったり会議に出たりするときはノートに書くのがベスト。書く分量が多いとき、手帳やメモ帳では文字があふれてしまうからです。

メモ帳は指示を受けたり、とっさのときの備忘録として使います。

若手社員やアシスタントの方におすすめするメモ帳は、小さいサイズです。指示を受けることが多いのでポケットに入れておき、いつでもどこでも取り出して書くにはミニサイズがピッタリです。

1冊に綴じたものやリングタイプのものなら前のページが残せるので、うっかり捨てたり、他のファイルに紛れ込んだりする心配も減ります。

注意したいのは、いつでも、どこでも、なんでもかんでも、付せんをメモがわりに使うこと。**付せんに書ききれなかったり、貼ったり剥がしたりするうちになくす心配もあるため、メモ帳を用意してください。**もちろん、付せんが活躍するシーンもあります。付せんは直接紙に貼れるので便利ですね。詳しくは86ページ、100ページをご覧ください。

また、書類の裏紙をメモとして再利用する方もいるでしょう。しかし、裏に書かれた情報が漏えいするリスクもあるため、市販のメモ帳をおすすめします。コスト削減は大切ですが、ケチケチ作戦がミスにつながることもあるので気をつけましょう。

ちなみに私が愛用しているメモ帳は、銀座伊東屋のリーガルパッドです。ピリピリ破けるので、用が済んだら捨てるのが前提。外出するときは、書いたメモを1枚破いて持っていくこともあります。また、ヘッダーが赤、メモが黄色なので白より目立ち、迷子になりにくいのも嬉しいところ。サイズは本書とほぼ同じ大きさです。

以前は景品でもらうメモ帳や、使わなかった手帳を切ってメモ帳にしたこともありましたが、やはりしっくりきませんでした。

仕事は道具を選ぶことも大切ですね。

一流の料理人は包丁、美容師はハサミを選びに選んで、投資を惜しまないそうです。私が20代から通う美容師さんは元祖カリスマと呼ばれた人で、聞けば30万円のハサミを持っていました。高いから買ったのではなく、使い勝手がいいものを何年もかけて見つけるのだそうです。それだけに愛着を持って大切にしているのが印象的でした。

オフィスワーカーも使いやすい道具を選び、環境を整えることからはじめてはいかがでしょうか。**筆記用具にこだわると、仕事がはかどりミスをなくすことにつながります。**お気に入りのメモ帳が見つかったら、在庫を切らさないようにストックしておきましょう。

シーンや目的に応じて使い分ける

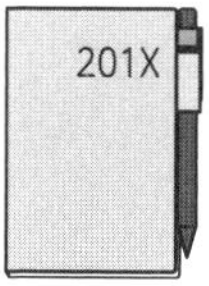

手帳
スケジュール管理

ノート
仕事を教わるとき
打ち合わせをするとき

メモ帳
指示を受けるとき
とっさのときの備忘録

メモ帳のいろいろ

リングタイプ

A7、B7 の
ミニノート

若手社員・アシスタントの方におすすめ

・ポケットにいつでも指示が受けられるようにスタンバイ
・うっかり捨てたり落としたりしないよう綴じているものを選ぶ

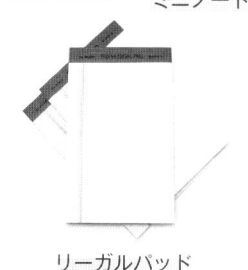

リーガルパッド

入社３年目くらい～おすすめ

・主にデスクで書く
・書いたメモを１枚切り取り持っていける
・いらなくなったら捨てる

◎ 自分に合うメモ帳を見つけて使いこなす

03 仕事を楽にする方法

あなたの中学時代を思い出してみてください。試験勉強に向けて暗記に励んだのではないでしょうか。日本史なら「鳴くようぐいす平安京」というゴロ合わせで、７９４年なのだと覚えました。10代なら脳の働きがいいはずなのに、それでも暗記するのに苦労しましたよね。何度も教科書や参考書を読み返したり、ノートに書いたりして、反復しながら知識を定着させたことでしょう。

社会人ともなれば、次から次へと新しい情報が入ってきます。教科書1冊分の決められた分量だけを覚えればいいわけではありません。そのため記憶に頼るとミスにつながる、と本書でお伝えしてきました。

では記憶は、時間とともにどのくらい忘れていくのでしょう。面白いデータがあるのでご紹介します。

ドイツの心理学者、ヘルマン・エビングハウスは、意味をなさない3つのアルファベットを並べて被験者に覚えさせ、その記憶が呼び起こせるかを時間の経過とともに調べました。その結果をグラフにしたものが「エビングハウスの忘却曲線」です。

81ページのグラフをご覧ください。

実験直後から1日後までのカーブが、急こう配で下がっていますね。**20分後には覚えたことの42％を忘れ、1時間後には56％を忘れ、1日後にはなんと74％も忘れていました。**

この実験結果から、人は時間が経つにつれて忘れることがわかります。しかも想像以上のスピードで。

では、記憶力の低下は時間の経過だけでなく、加齢とも関係するのでしょうか。

「最近年のせいか忘れっぽくて」、こんな嘆き節を中高年の方からよく聞きます。実際にミス防止のセミナーをすると、若手社員だけでなく40代、50代の要職に就く方の参加も目立ちます。つい先日は、一級建築士や総務部長もいらっしゃいました。受講動機は、自分でも信じられないようなポカミスをしたからだそうです。

『125歳まで生きる方法』（誠文堂新光社）の著者で防衛医科大学校の西田育弘教授によれば、年々記憶力が衰えたり、もの忘れが多くなるなど、**いわゆる加齢に伴う脳の低下**

は脳神経細胞が1日に約50万個死滅していくことで起きるのだそうです。
20代の方は、加齢という言葉にまだピンとこないかもしれませんが、人は誰でも年を取ります。今日より明日、明日より明後日、確実に。

いずれにせよ人は忘れる生き物なので、記憶に頼るとリスクが高すぎます。「このくらいのことなら覚えられる」「書くものがないから後でメモすればいい」、こんなちょっとした油断や準備不足がミスを生むのです。**ミスをなくすには、覚えている割合が100%に限りなく近いタイミングでメモすることに尽きます。**

メモするのが面倒くさい？　いいえ、メモを取るのは仕事を楽にする方法でもあります。いちいち覚えなくていいのですから。メモをするのはどなたでもすぐにでき、ましてや年齢やＩＱに関係ありません。

メモをして手に入れるものと、メモをしないばかりに失うものを比べたとき、あなたはどちらを選びますか。

エビングハウスの忘却曲線

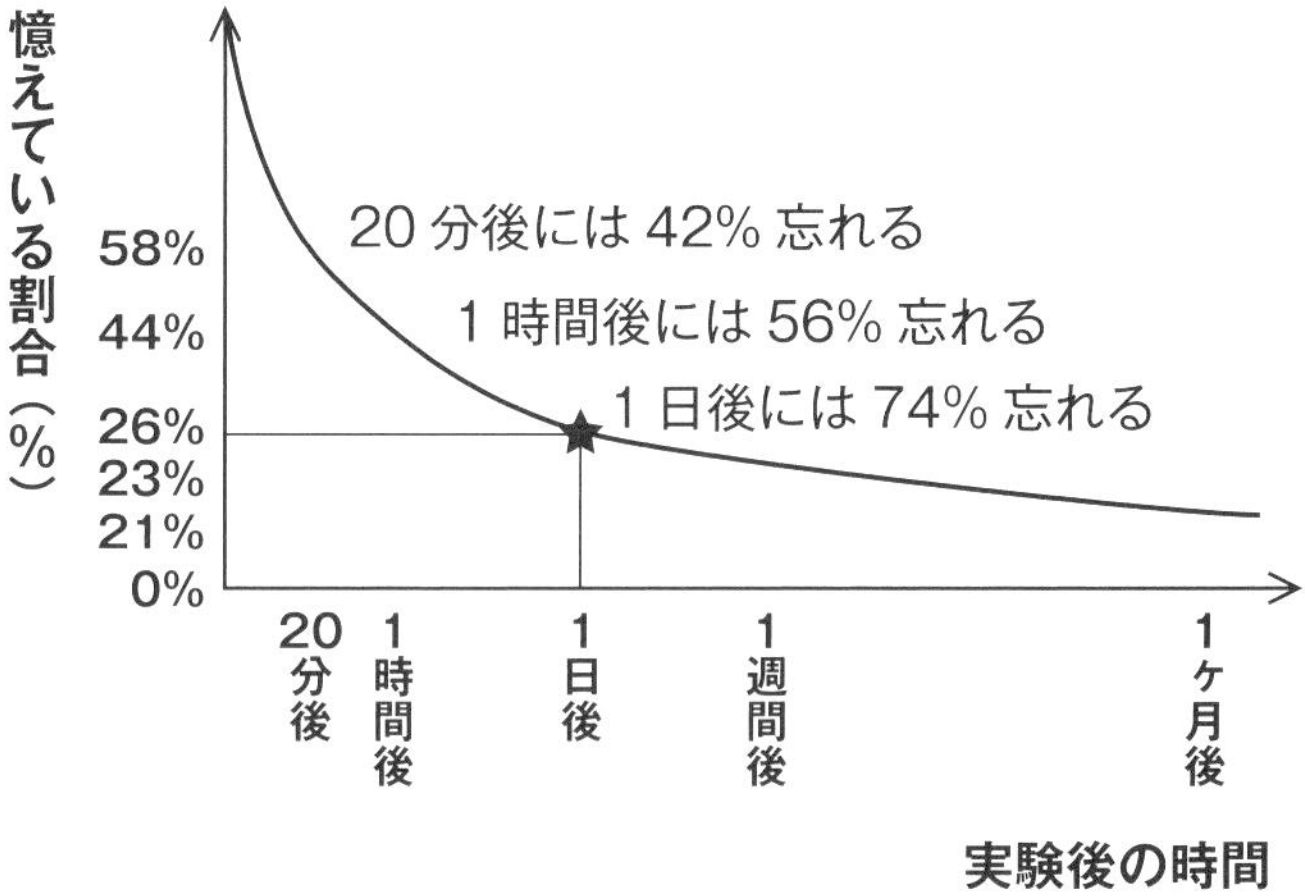

ドイツの心理学者ヘルマン・エビングハウスは意味をなさない3つのアルファベットを並べて被験者にいくつも覚えさせた。
その記憶がどのくらいのスピードで忘れられていくのかを実験し、結果をグラフにした。

◎ 100％覚えているタイミングでメモする

04 「外メモ」と「内メモ」

ひと口にメモといっても、いろいろあります。ミスをなくすために書いて欲しいのは2つあって、「外メモ」と「内メモ」です。聞きなれない言葉ですので、命名者がそれぞれ説明していきます。

まずは**「外メモ」**です。これは**外から入ってくる情報を忘れないように書き留めるのが目的**で、次のようなシーンがあります。

・上司の指示を聞きながらメモする
・電話を受けながらメモする

これらに共通するのは、「〇〇しながらメモする」ということです。話を聞くのとメモを取るのを同時進行でするので、速記しなければなりませんね。

社会人経験を積めば、どなたでも楽に速記できるようになりますが、新入社員は難しく感じるようです。新入社員研修で電話応対のトレーニングをすると、もはやパニック。話を聞くことに一所懸命になって、メモが取れなくなります。外メモはミスをなくすための基本中の基本。人の話を聞くときはメモする習慣を身につけましょう。

続いては**「内メモ」**です。これは、**自分の考えやアイデアを書き出すメモ**をいいます。頭の中に浮かんだことをそのままにしておくのは、宝の持ち腐れ。見える化すれば、単なる思いつきから価値ある仕事へ変わります。

思い起こせば、私はバブル入社組で当時オフィスにはパソコンも携帯電話もありませんでした。ビジネス文書や手紙は郵送していたので、メールが導入されたときは魔法のようでした。携帯電話をはじめて見たときは、「持ち歩ける電話があるなんて嘘でしょ」と信じられない気持ちでした。

「もっと楽に仕事ができたらいいな」というみんなの願いを叶えてくれたのは、きっと発明者がアイデアをメモしたところからはじまったのだと思います。

大きな話になってしまいましたが、**毎日書いて欲しい「内メモ」はＴｏＤｏリストです。**

電話を受けたときに書く伝言メモと違い、ＴｏＤｏリストを書くか書かないかは自由です。実際、研修やセミナーで聞くと「書いていません」と答える人が半数くらいいます。

ＴｏＤｏリストは一見するとミスと無関係のように思えます。「わざわざ書かなくても平気」「面倒くさい」という人もいますが、過信は禁物。**今日やることのヌケやモレをなくし、段取りを整えるためにマストと心得てください。**あなたを応援してくれるメモですから決して損はさせません。

その他「内メモ」として問題解決やアイデア出しする方法は、第6章でご紹介します。

外メモと内メモは、2つでセットになって相乗効果を発揮します。外メモはインプット、内メモはアウトプットと位置づけることもできます。

仕事はインプットなしにアウトプットはできませんよね。指示を受けたらメモする。だけど、言われたことだけメモするのでは半人前ですよ。自分で咀嚼《そしゃく》して仕事に取りかかる前にＴｏＤｏリストで計画し、段取りを整えてください。

外メモ

↓

外部から入ってくる
情報を書きとめる

（例）
・上司の指示を聞きながら書く
・電話を受けながら書く

内メモ

↓

自分の考えや
アイデアを書き出す

（例）
・ToDo リストを作る
→今日やることのヌケ、モレをなくす
段取りを整える
・企画のネタを洗い出す
・問題の原因を探る

インプット ──→ **アウトプット**

◎ 内と外、セットで相乗効果あり

05 ひとり引き継ぎメモ

ＰＤＣＡマネジメントサイクルという言葉はおなじみですが、念のために確認しましょう。そう、Ｐｌａｎ＝計画、Ｄｏ＝実行、Ｃｈｅｃｋ＝ふりかえり、Ａｃｔｉｏｎ＝改善のことですね。ミスをなくすには、このサイクルを回し続けることが大切です。

では、質問します。

ひとつの仕事を終えたとき、あなたはどんな方法でふりかえったり、改善したりしていますか？

忙しいからといって、ふりかえりと改善を省いてはいけません。ぜひ、自分のために内省しましょう。このとき、手間と時間をかけすぎず、楽に済ませる方法があります。

それは、名づけて「ひとり引き継ぎメモ」を作ることです。本来の引き継ぎ書とは、異動や退職するとき、後任者のために作るものです。でも、**ひとり引き継ぎメモは、未来の自分に向けて「次回はミスしないよう気をつけて」「もっとこうしたらうまくいくよ」と教えるのが目的です。**

とくに二度、三度と担当する仕事で、同じミスは繰り返したくありません。また、ミスとはいえないまでも、もっとよりよいやり方に気づくこともあります。そのとき、せっかくの気づきをそのままにしておくと忘却の彼方へ。付せんに書いておくだけで、とても役に立ちます。

このメモは他人に見せるものではありません。ですから体裁にこだわらず、自分さえわかるようにしておけば十分。「引き継ぎ書」でなく「引き継ぎメモ」のネーミングからも、お手軽さが伝わりますよね。

とくに3カ月～1年に1回くらいの頻度で発生する仕事は、このメモが頼りになります。

私の場合は研修やセミナーが終わると、その一件書類を綴じるバインダーの裏表紙に付せんのメモを貼ります。なぜバインダーの裏表紙かというと、次回同じ仕事を頼まれたとき、必ず見る場所だからです。

付せんには、反省点や改善策として「討議テーマ○○は盛り上がらず、次回□□へ変更する?」とか「役割演習の進め方がわかりにくいとの声あり」などと具体的に書いておきます。さらに「時間配分ＯＫ」などのうまくいったことも記入します。研修を終えて依頼主のお客さまに提出する報告書と違い、これはいわば内向きの資料です。

再度同じ仕事をいただいたときは、真っ先に、このメモを確認します。お客さまと打ち合わせするとき、すぐに改善の提案ができますし、次回のテキスト作りも短時間で楽にできるからです。


メモの内容を反映させたら「ひとり引き継ぎ完了！」と言って、この付せんは捨ててしまいます。**目的を果たしたら取っておく必要はないですし、いらない情報や紙は増やさないようにしましょう。** そのかわり、また仕事が終われば、ひとり引き継ぎメモを書きます。もし特段問題がなければ「修正なし」でもいいのです。それを見れば、前回のあれこれを思い起こすことなく、テキパキと仕事ができるのですから。

ひとり引き継ぎメモを書きはじめると、同じ失敗は繰り返しません。回を重ねるごとに成果を出すことができるようになります。

自分へ引き継ぐ

付せんの例

時間配分 OK

討議テーマ変更？
→次回××提案

役割演習の進め方
丁寧に説明して
→わかりにくいの声有り

ポイント

・気づいたらその場で書く
→付せんなら人前でも目立ちにくい
・1つにつき、1枚
→あれもこれも書くと、後から判別できない

次回必ず見るところに貼っておく

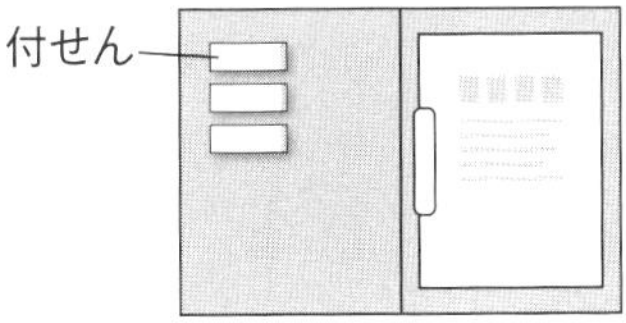

・打ち合わせするときにファイルごと持参
・改善提案、書類の修正が楽になる

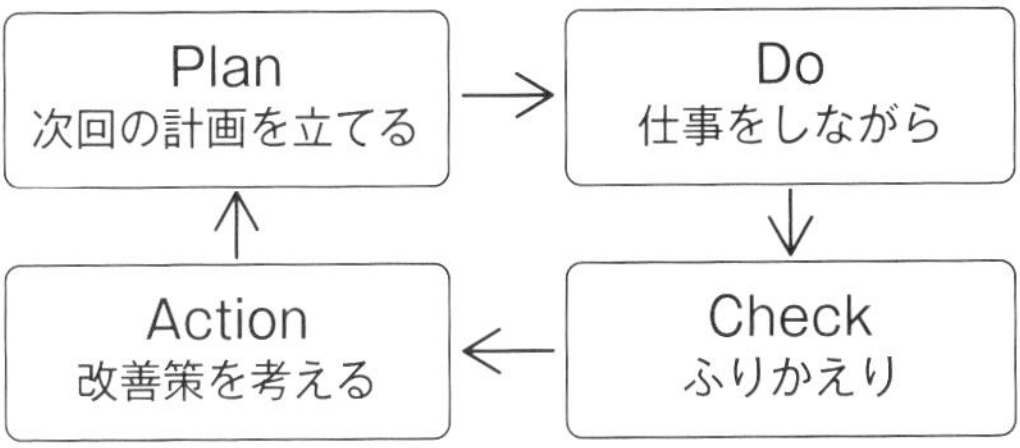

◎ 必ず成長できる引き継ぎメモ

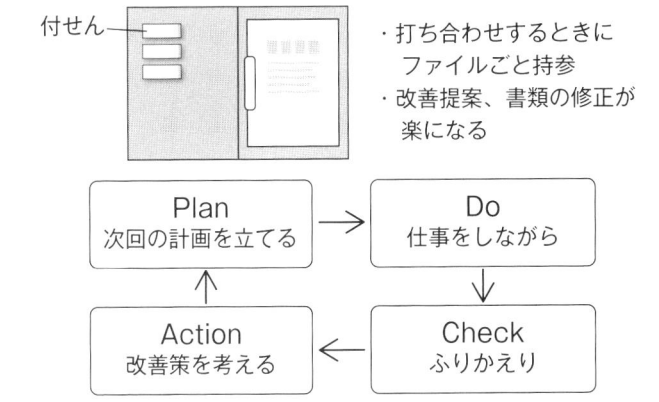

第4章

メモの実践的な使い方

01 ToDoリストの書き方、活かし方

よくあるToDoリストは、思いつく仕事を上から順に並べたもの。作らないよりはましですが、ただの備忘録にすぎません。それよりも計画とふりかえりを同時にして、あなたを進化させる方法があります。

それは**時間見積りと実際にかかった時間を書き出すことです。**午前・午後、やるべき仕事を挙げたら、どのくらいの時間で仕上げられるかを予想します。そして作業が終わったら実際にどれくらいかかったかをメモしてください。

時間内にできたらお見事。逆に予定時間を超えたら「ムダはなかったか」とふりかえり、日によってばらつきがあればムラの原因を探りましょう。

私はリーガルパットのメモ帳に書いていますが、手帳やノートに書いてもかまいません。

本来、**ToDoリストに書く仕事は適量であるべきです。**ムリな仕事量になると、ケアレスミスや納期遅延の可能性が高まるからです。自分が抱えられる仕事量とペース配分を知っておけば、平常心が保てるのでミス防止に役立ちます。

時間見積りとの誤差は？

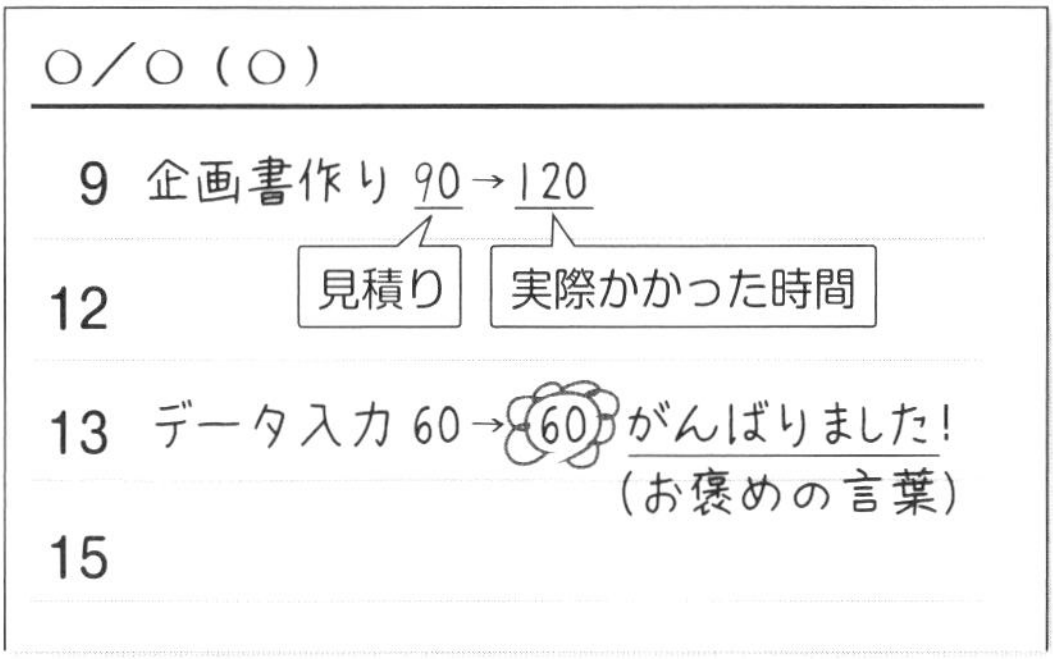

パソコン画面の右下にある時計をチラッと見て
かかった時間をメモする

適正な仕事量を知る

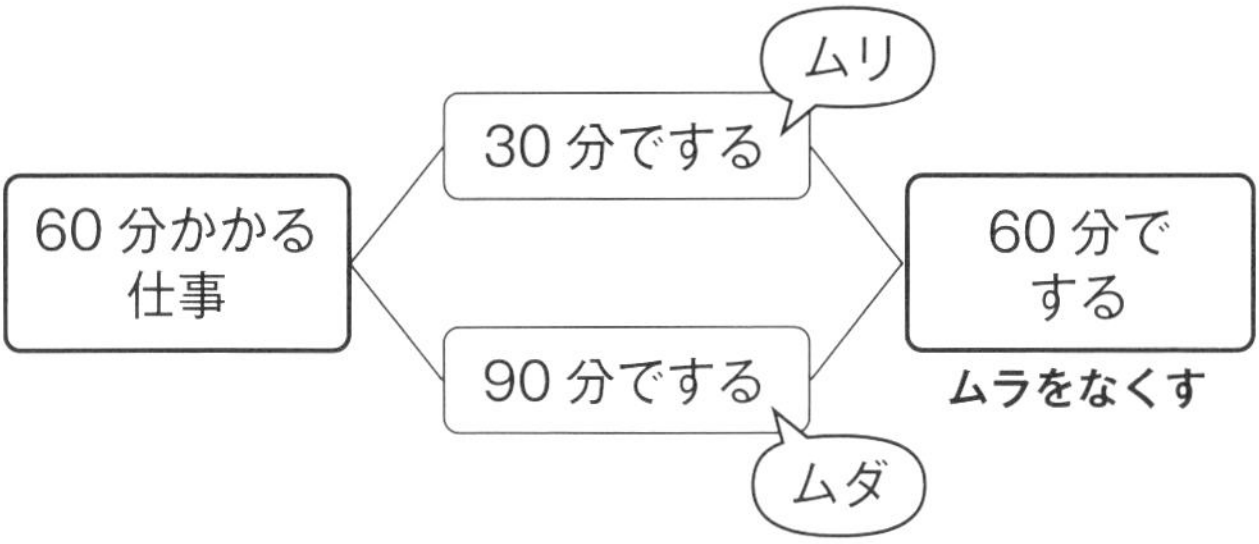

◎ マイペースを保ってミスを減らそう

02 ＴｏＤｏリストの繰越しを見落とさない

ＴｏＤｏリストに「今日やる仕事」を書き出しても、全部できる人はあまりいません。どうしてもできずに先送りしてしまう仕事が、どなたにもあることでしょう。

となると**ＴｏＤｏリストを作るときは、前日にやり残したことを、もう一度次の日のリストに書き足すことが大切です。**また、ＴｏＤｏリストは書いたら終わりでなく、セルフマネジメントするためのもの。終わった仕事に✓をつけると達成感が味わえますね。

帰宅する前は見直して、やり残した仕事がないかを確認します。**できなかった仕事は赤ペンで大きく目立つように囲みましょう。そして翌日のＴｏＤｏリストを作り、一番上に赤で囲んだ仕事を必ず転記します。**転記を済ませたら安心して帰宅してください。

翌朝出勤したら、気分新たに今日のＴｏＤｏリストを作ります。すでにやり残した仕事が、目立つように午前中のタスクの一番上に書かかれていますね。

こうすることで、「何がなんでもやるぞ」という気持ちにさせてくれますし、うっかり忘れや、さらなる先送りを防げるでしょう。

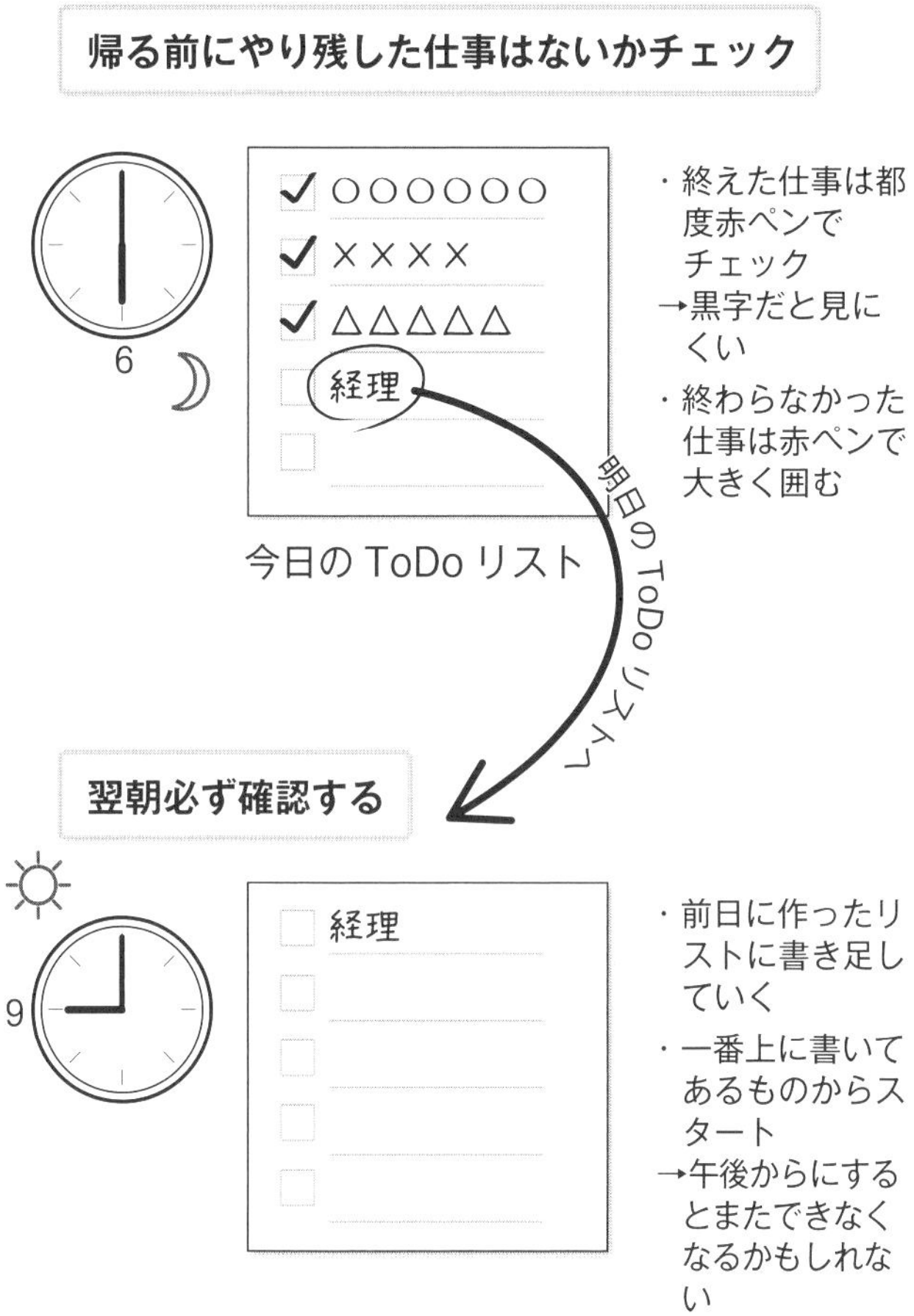
帰る前にやり残した仕事はないかチェック
6
○○○○○○
××××
△△△△△
経理
今日の ToDo リスト
明日の ToDo リストへ
・終えた仕事は都度赤ペンでチェック
→黒字だと見にくい
・終わらなかった仕事は赤ペンで大きく囲む
翌朝必ず確認する
9
経理
・前日に作ったリストに書き足していく
・一番上に書いてあるものからスタート
→午後からにするとまたできなくなるかもしれない

◎　やり残した仕事を見逃さない

03 やる気が出るＴｏＤｏリストの作り方

ＴｏＤｏリストを少しだけアレンジすると、やる気を高めることができます。仕事のことだけでなくプライベートなことも書き出して欲しいのです。

朝出勤したら、真っ先に決めて欲しいのが帰る時間です。そして職場を出てからの過ごし方をシミュレーションして、アフター６の予定も書き出しましょう。名づけて「妄想ＴｏＤｏ」です。もしサッカーの試合をＴＶで応援するなら、放映がはじまる前に帰らなければなりませんね。

また、午前中のやる気を高めるには、昼休みの計画を立ててみてください。ランチに行くお店を考えたり、散歩する、コンビニへ行くなど具体的に書き出しましょう。空腹になっても「もうひとがんばりしよう」と気持ちを切り替えられるので、仕事がはかどります。

お昼休憩に入る前と、自宅に帰る前にはリストを見返します。予定したタスクのうち、いくつ終えたかをチェックしたり、自分を褒める言葉も書いてみてください。

ニンジン作戦はひとりでもできます。ミスをすると仕事が増えるので、セルフチェック力が高まるなど効果バツグン。ぜひお試しください。

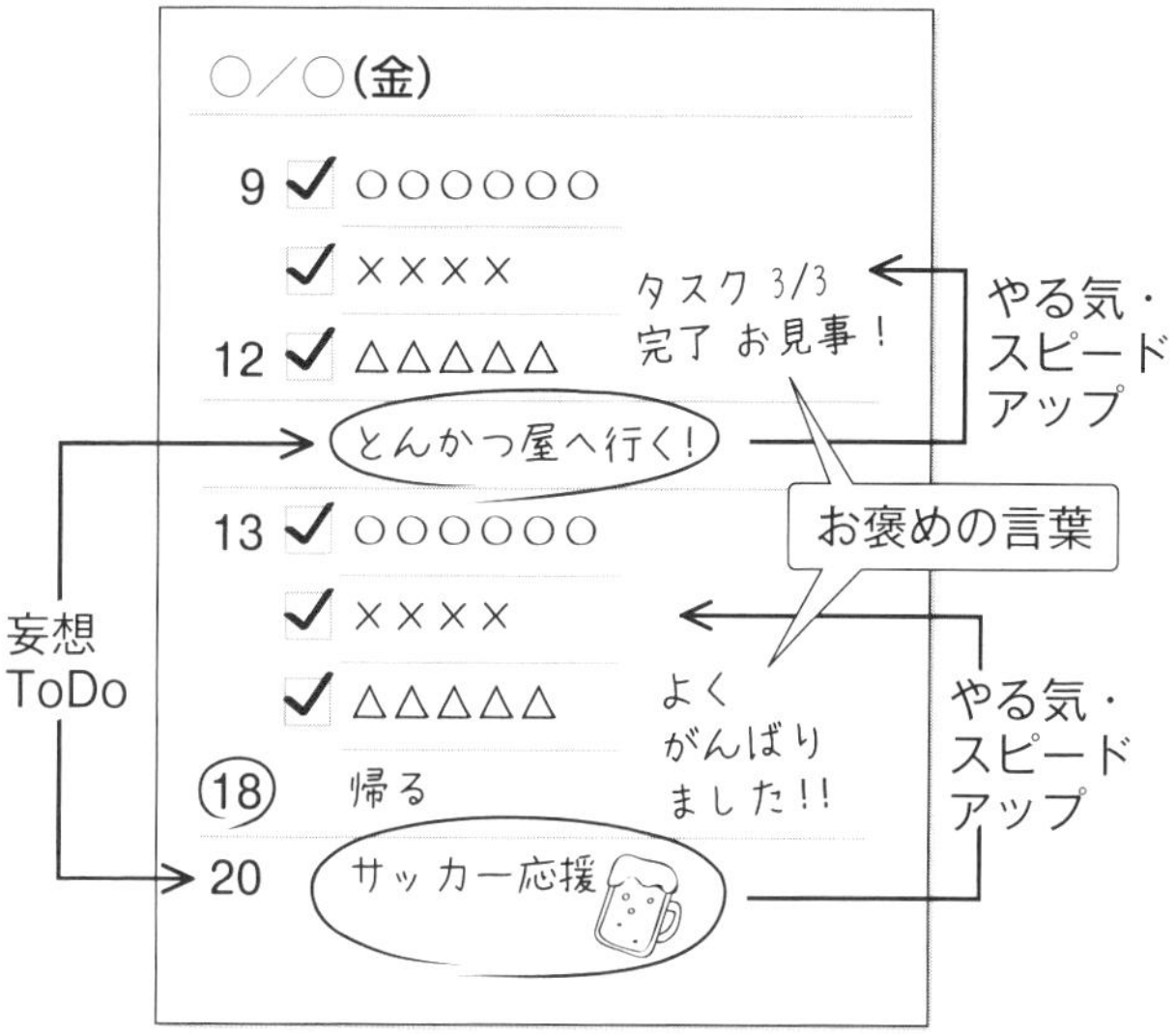

人から褒められるのを期待したり、
じっと待つよりも、
自分で自分を励まそう！

◎ 妄想ＴＯＤＯがやる気を高める

04 パソコンに貼る付せんは3枚まで

パソコンに付せんがいっぱい貼ってある人がいます。でも、ToDoリストを付せんにすると、うっかり忘れの原因になるので注意してください。

理由は、**付せんの枚数が増えると、優先順位がつけにくくなる**からです。もしパソコン画面の左右に十枚ずつ貼ってあったら管理しづらいでしょう？　また、ずっと貼ったままでは新鮮さが失せて景色のようになってしまいます。

それでも付せんを貼りたい人は、「3枚まで」をルールにして常にメンテナンスするのがおすすめです。3枚は優先順位の高いものを上から並べます。帰るときは、整理整頓とコンプライアンスの観点から付せんを剥がしましょう。

ただ、付せんの弱点は剥がれること。**そもそも書類に貼るものなので、パソコンに貼ると、いつの間にかハラリと落ちることもあります。**貼り直すうちに粘着力は弱まり、それが原因でポカミスをしては困ります。

「本当に付せんで管理すべきなのか」、この機会に自問自答してみてください。

付せんの使い方を間違えない

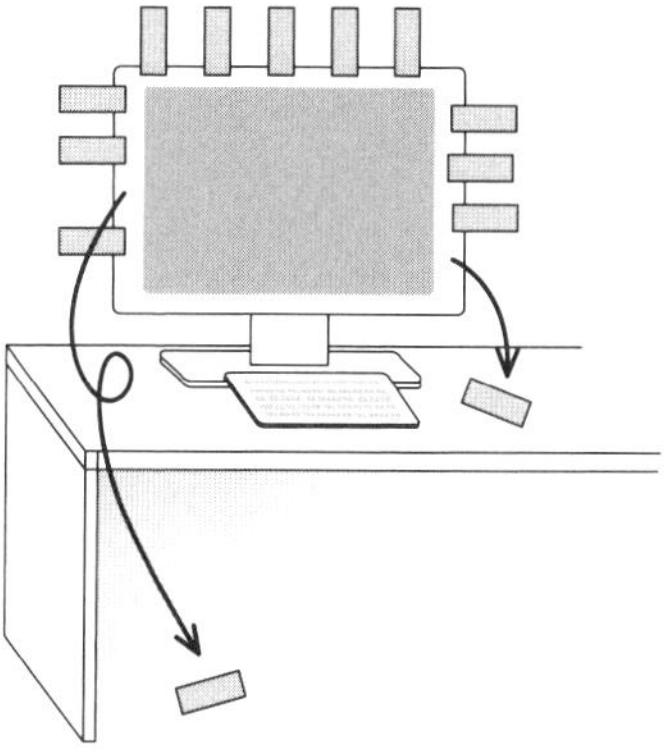

やることを書いた付せんがいっぱい

↓

貼ったままなので慣れてしまい景色のよう

↓

落ちたりなくしたりして仕事のヌケモレ遅延に

付せん好きでも３枚まで

・終わったら剥がす
・最大３枚のルールにして付せんを増やさない
・帰るときは３枚とも剥がす

◎ 付せんはパソコンに貼るものではない

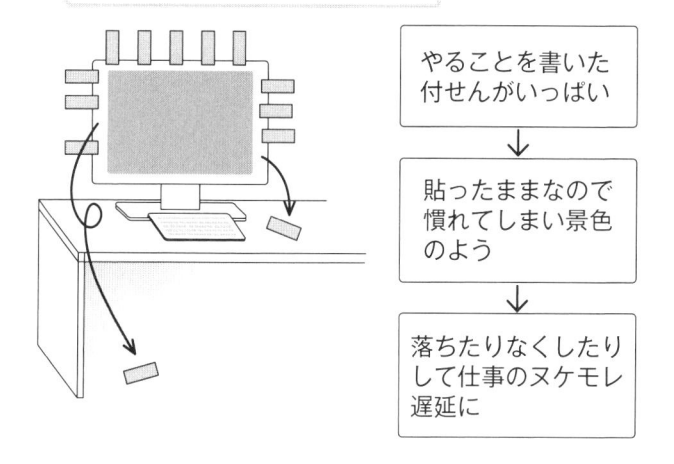

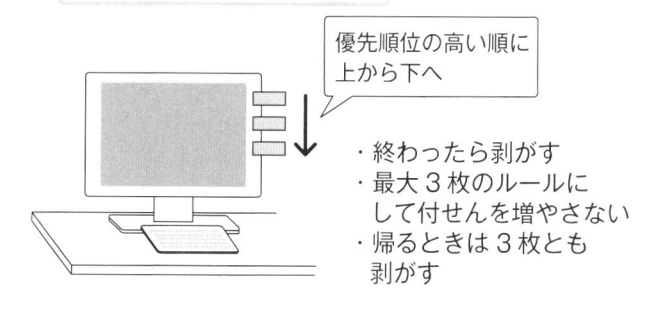

05 お願いごとは付せんに書いて渡す

誰かに指示やお願いごとをするときは、付せんに書いて渡しましょう。というのは口頭でお願いすると、メモを取ってくれない人がいるからです。忘れられると、もう一度説明しなければならず、あなたの仕事が滞って困ります。とくに相手が目上の人なら催促するのもしんどいですし、ましてや「ちゃんとメモしてください」とは言いにくいですよね。

コミュニケーションミスをなくすには、文字にして証拠に残すこと！ あなたがメモに書いてメモごと渡せばいいのです。このとき付せんを使うと、メールで伝えるのとは違って書類に直接貼ったり、相手も手帳やデスクなど好きなところに貼れるので重宝します。

そのため、**付せんは何種類か揃えておくと便利です。** メモがたっぷり書ける罫線つきのもの、半透明のもの、判子をもらう箇所を指すポインター型など。

余談ですが、同僚のランチ代や飲み代を立替えたときも、この作戦が功を奏します。金額とあなたの名前を付せんに書いて渡してみてください。口約束するよりお金が返ってくる確率が高まり、人間関係がギクシャクせずに済みますよ。

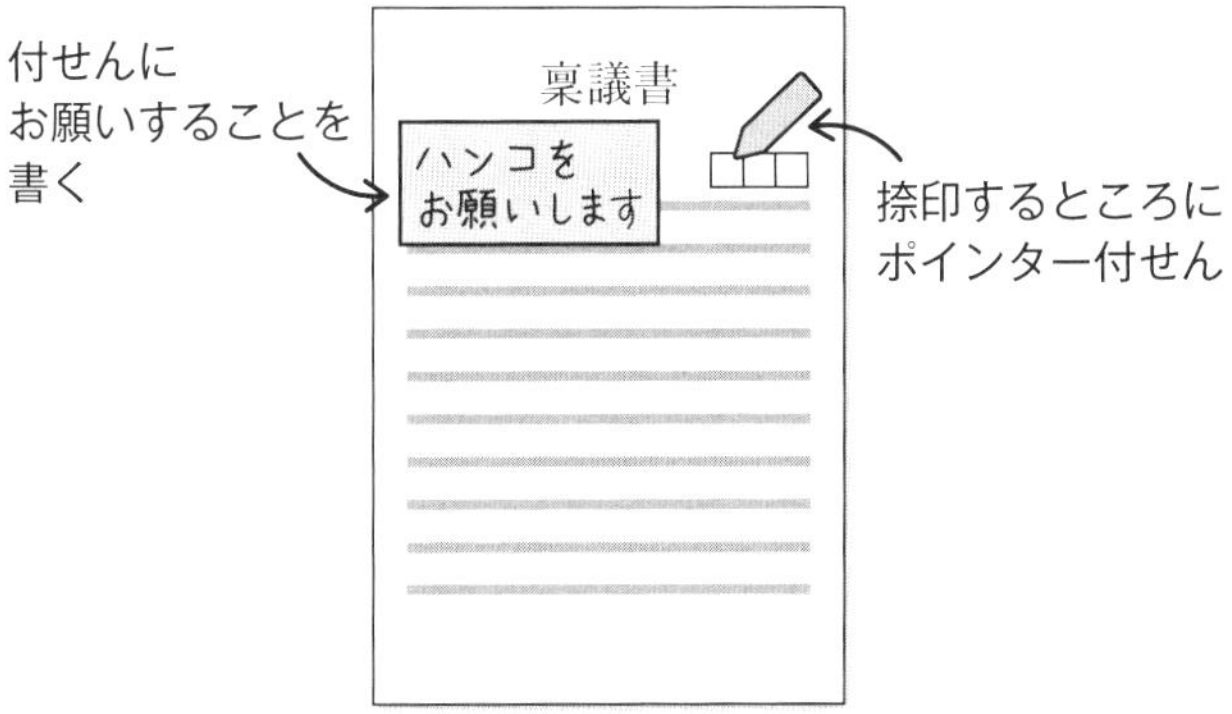
付せんに
お願いすることを
書く
稟議書
ハンコを
お願いします
捺印するところに
ポインター付せん

相手がミスすると指示した人の仕事も増える

いろいろな付せんをスタンバイ

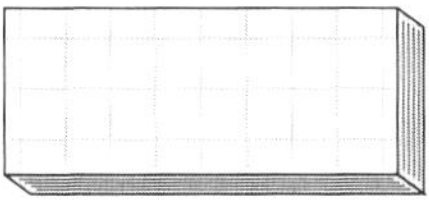

方眼タイプ
文字が書きやすい

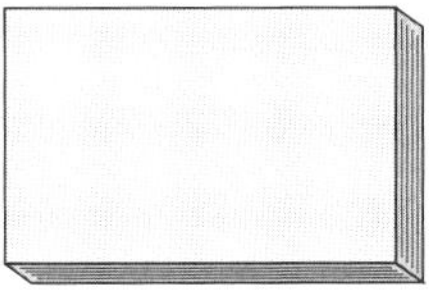

大きめタイプ
たっぷり書ける

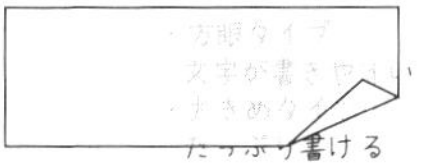
たっぷり書ける

半透明タイプ
書類が透けて見える

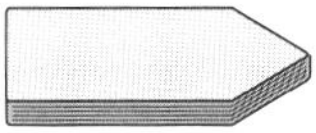

ポインター付せん
指し示すとき便利

◎ **証拠に残してコミュニケーションミスを防ぐ**

06 速記者に近づけるカタカナメモ

せっかくメモしたのに、自分の字が汚くて読めないことがありませんか？判読不能のため大事なことを思い出せず、ミスすることもあるでしょう。**メモは丁寧に書く必要はありませんが、読めるレベルに留めておくことが大切ですね。**

ところで、国会では速記者が議事録を書いています。人は平均して1分間に300字程度話し、速記者は話を聞きながら「速記文字」や「速記符号」を使って書くのだそうです。

対してビジネスでは、一言一句というより単語やキーワードをピックアップしてメモすることが多いです。そのとき漢字にすると、画数が多いので時間がかかります。焦って書くと、ぐちゃぐちゃになって、どうしても読みにくくなるでしょう。

漢字→ひらがな→カタカナの順に画数は減るため、**カタカナにすると速く書けて、余白も目立ち読みやすくなります。**

上司から指示を受けるとき、電話を聞きながらメモするときは、「総務」より「ソーム」のほうが速く書けますよね。カタカナはメモを速く取るときにもってこいなのです。

速記方法って？

代表的な速記方法には
参議院式、衆議院式、中根式、早稲田式がある

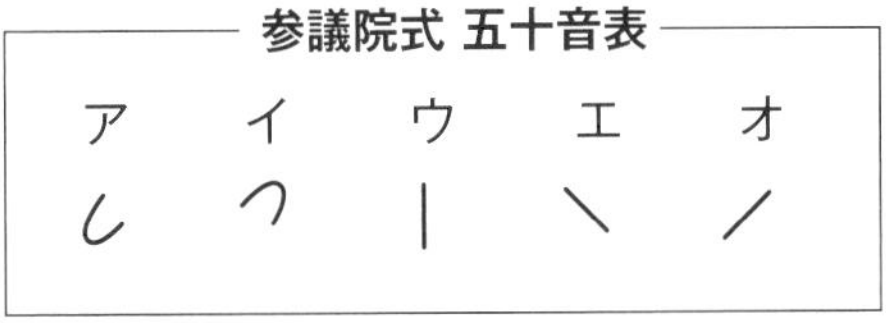

出典：公益社団法人 日本速記協会

指示する人は待ってくれない

カタカナで書けばいい

総　務 ⇨ ソーム
14画＋11画　　2画＋2画

◎ 素早く読めるように書く

07 名前はカタカナでメモする

相手の名前を呼び間違えるのは失礼なミスですが、ついうっかりやりがちです。

困るのは難しい漢字や珍しいお名前のとき。また**漢字では同じ名字でも、読み方の違う人もいます。**「河野さん」はカワノなのかコウノなのか、「菅野さん」はスガノなのかカンノなのか、わからなくなってしまいます。また、「荻野さん」と「萩野さん」を混乱して呼び間違えるミスもありがちです。

私は外出中、入電があるとメールで知らせてもらっています。電話をくれた人の名前はカタカナ表記のため、電話をかけるときは間違えません。

あなたも**同僚からもらう電話の伝言メモは、相手の名前をカタカナにしてもらうのがおすすめです。**もし直接頼みにくいなら、まずは自分がカタカナで書き、相手が真似してくれるのを待ちましょう。

また、研修やセミナーを担当するときは、受講者名簿を預かり、お名前を呼ぶことがあります。数十名いて初対面の方ばかりですが、読み方を間違えるとムカッとされるので、主催者にフリガナをお願いしています。

漢字だけだと間違えて当然

１回は許されても繰り返すと悪い印象を持たれてしまう

カタカナにすれば間違えない

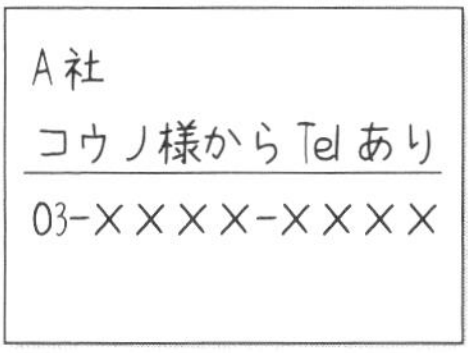

入電、伝言メモ／メール

どっち？

堀田	ホッタ or ホリタ
渡辺	ワタベ or ワタナベ
山崎	ヤマサキ or ヤマザキ
中島	ナカシマ or ナカジマ
羽生	ハブ or ハニュウ

◎ カタカナ表記で名前のミスをなくす

08 「とりあえずメモ」はまとめておく

いろんなメモに書いてしまい、結局なくしてしまったことはありませんか？

1冊のメモ帳に書いて残せばいいですが、とりあえず他の紙に書くこともあるでしょう。

アイデアが思い浮かんだら、どんな紙でもいいので時間を置かずに早く書くことが大切です。私はスターバックスで、なんと紙ナプキンに書いてしまうこともあります（笑）。

問題はその後。

ポケットやバッグにメモを入れて持ち帰ったとしても、ゴミと間違えて捨てたら元も子もありません。大事なメモは、お財布に入れるなどして特別扱いしてください。

オフィスやデスクに戻ったら、メモを取り出してノートに貼ったり転記したりします。

1枚の紙に複数のことが書かれていたら、必要なところだけ切り取りましょう。

新聞や雑誌の切り抜き、電話で話を聞きながら殴り書きをしたメモなど、その案件にかかわるものは、やはりノートに貼るか、クリアファイルなどにまとめておくと迷子になりません。

手帳やメモ帳、ノートがないときの応急処置

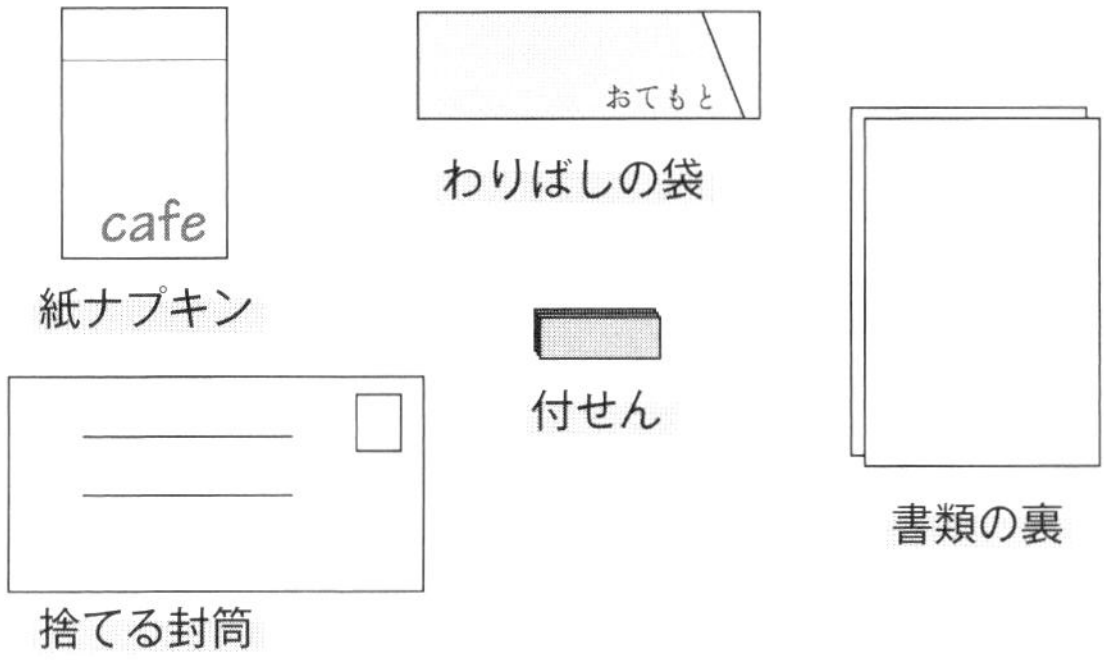

大切に持ち帰り、保存する

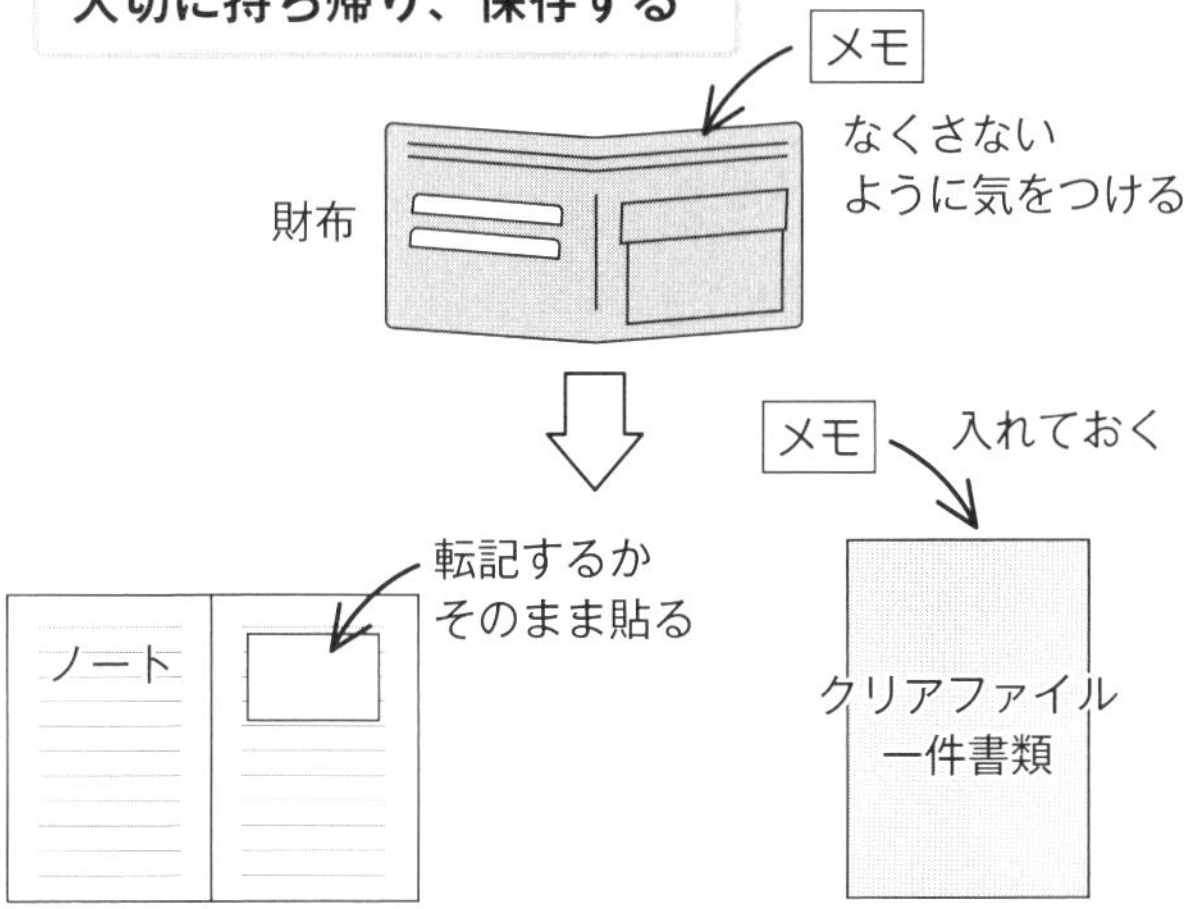

◎　体裁より役立てばいい

09 気づきメモ

「研修やセミナーに参加しても、テキストに何をメモしたらいいかわからない」というお悩みを聞くことがあります。隣の席の人がせっせとメモを取ると、不安になる人もいるようです。

学生時代は、先生が板書してくれたことを書き写せばよく、いわば受け身のメモでした。社会人になれば、話を聞きながら主体的にメモすることが大切で、たいていのことは板書してもらえません。

そこでおすすめするのが、気づきメモです。**ふきだしにして、これまで知らなかったこと、仕事に活かせること、帰ったらすぐにやること、思いついたアイデア、感想などを忘れないうちに書いておきましょう。**

講師の立場からすると、テキストにすべての情報は載せません。理由は、参加者の方に気づいてもらいたい、考えてもらいたいからです。

後になってテキストを見返すと、印刷された内容より、ふきだしのメモがきっと役に立つことでしょう。ぜひ、**テキストはカスタマイズするつもりで学びを深めてください。**

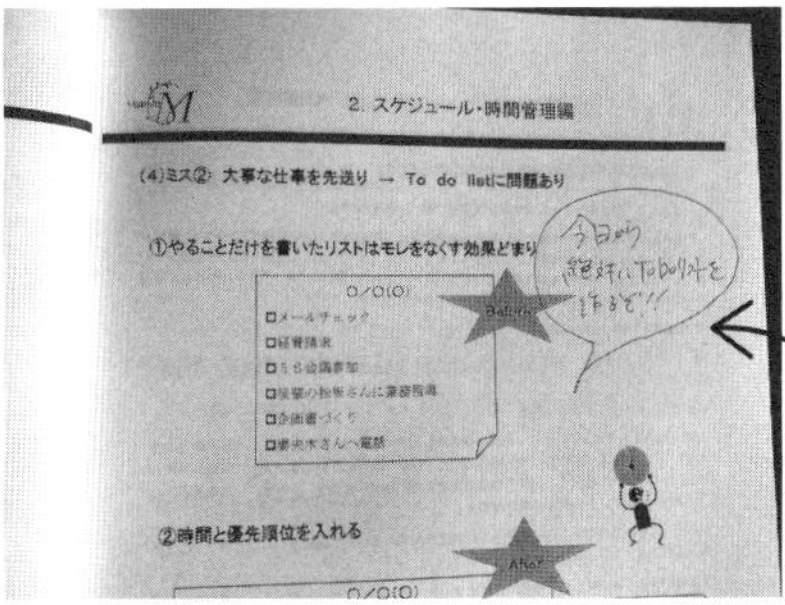

ふきだしにすると
わかりやすい

受け身のメモ	主体的なメモ
板書したことだけ書く	板書しないことも書く

どんなことを書く？

・これまで知らなかったこと
・仕事に活かせること
・帰ったらすぐにやること
・思いついたアイデア
・感想など

◎ 主体的にメモすると学びが深くなる

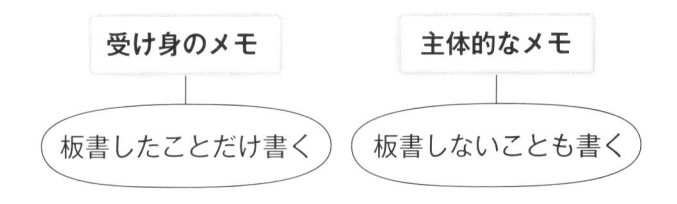

10 そのまんまマニュアル

マニュアルがあると便利ですが、手間暇かけずササッと作りたいものです。

そこで**繰り返し作成する書類があれば、提出する前にコピーを取り、マニュアルに変身させてしまいましょう。**名づけて「そのまんまマニュアル」です。

ややこしい書類を作成するときは、人に聞いたり調べたりするよりも、前回のものを見れば要領がつかめます。私のところにも毎年社会保険事務所や税務署から書類が送られてきますが、専門外なのでわからないことだらけです。

確定申告もそのひとつ。1年に一度の頻度なので、前回のことが思い出せません。記入例は汎用性の高いサンプルなのでイマイチあてはまらないことも。そこで**提出した書類のコピーを忘れずに取っておき、ファイリングしています。**

必要に応じて次回変更するところにマーカーを引いたり、説明を赤字で書き添えておけば、もう立派なマニュアルの完成です。「そのまんまマニュアル」を見れば、毎回悩むムダ、ミスしてやり直す手間が省けます。面倒な書類もあっという間にできあがり、ミスゼロが叶うでしょう。

既存の見本
見本
自社に当てはまらない部分もある
ミスしやすい
難しいな～
よくわからなーい
前回使用したものをコピーしておく
マーカー
ミスが減る
すぐに要領が
つかめた！今回は
マーカーのところ
だけ変えれば
いいんだな！

・次回変更するところにマーカーを引いたり
説明を赤字で書き添えておく
・もしもミスをしたら注意事項をプラスする

◎ 前回のコピーを見ながら一発でOKをもらう

11 遅刻しない出発時間メモ

私は外出予定があると、電車の経路をネットで調べ、モノクロ印刷しています。

そして、**遅刻を防ぐために、出発する時間をハッキリ数字でメモしておき、見える場所に貼ったり置いたりします。**

乗換案内を見るだけならネットでもこと足りるのですが、自宅や会社を出発する時刻を間違えたくありません。

例えば「7時5分出発」と赤字で大きくメモして目に入るようにしておくと、早め早めに準備に取りかかれます。何より勘違いや思い込みによるミスがなくせますよ。

朝の出発がいつもより早いなら、出発時間とともに起床時間も赤字で書いておきます。

前日までに計画しておけば当日に慌てることはありません。

パソコンやスマホだけで確認すると、何度も同じ検索をしたり、出発時刻を頭に入れたつもりなのに間違えてしまい出遅れることがあります。意識すべきなのは、電車ではなくあなたが出発する時刻です。

印刷した紙は交通費精算のときに使えるので、日付順にファイリングしておきましょう。

スマホでわかるのは電車の時間

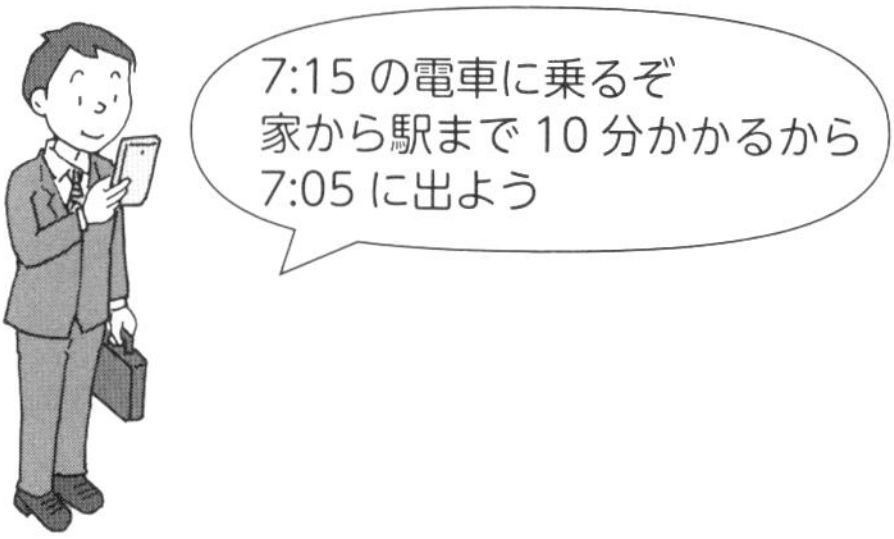
7:15 の電車に乗るぞ
家から駅まで 10 分かかるから
7:05 に出よう

何度もスマホをチェックするのは時間のロス
計算ミス、記憶があやふや、間違いのリスクあり

乗換案内に出発時間を書く

乗換え　7:05に出発 ← 書き込む

07:15 発	秋葉原
	JR 京浜東北線
07:22 着 07:27 発	新橋
	JR 東海道線
07:49 着	横浜

・バッグに入れて
　移動中も確認
・経費請求で再利用

自宅：玄関などに置く
会社：デスクに置く

◎　時間に余裕を持って準備する

12 朝の〝うっかり〟をなくすメモ

平日の朝は、なぜか早く時間が過ぎていきます。

遅刻をしないのはもちろんのこと、万が一交通事情で電車が遅れても慌てずに出社できるよう、テキパキと準備をしたいものです。

まずは忘れ物をなくす作戦です。

スマホの充電器やタブレット、パソコンなどは前日の夜も使うことがあるので、翌朝バッグに入れ忘れないよう注意が必要です。**対策は、「充電器」など忘れたくないものをメモに書き、そのメモを玄関や出入りする部屋のドア、ベッドサイドや食卓など、必ず目にするところに置いたり貼ったりします。**

続いては、会社に行く前、いつもと違うことをしたいときの作戦です。

自宅を出てからすることは、付せんに「ATMで2万円引き出す」「コンビニで○○新聞を買う」「薬局でマスクと薬を買う」などと書き、**スマホや定期入れなどに貼っておくと、通勤中思い出せるでしょう。**

朝を制するものが人生を制する

玄関に貼る

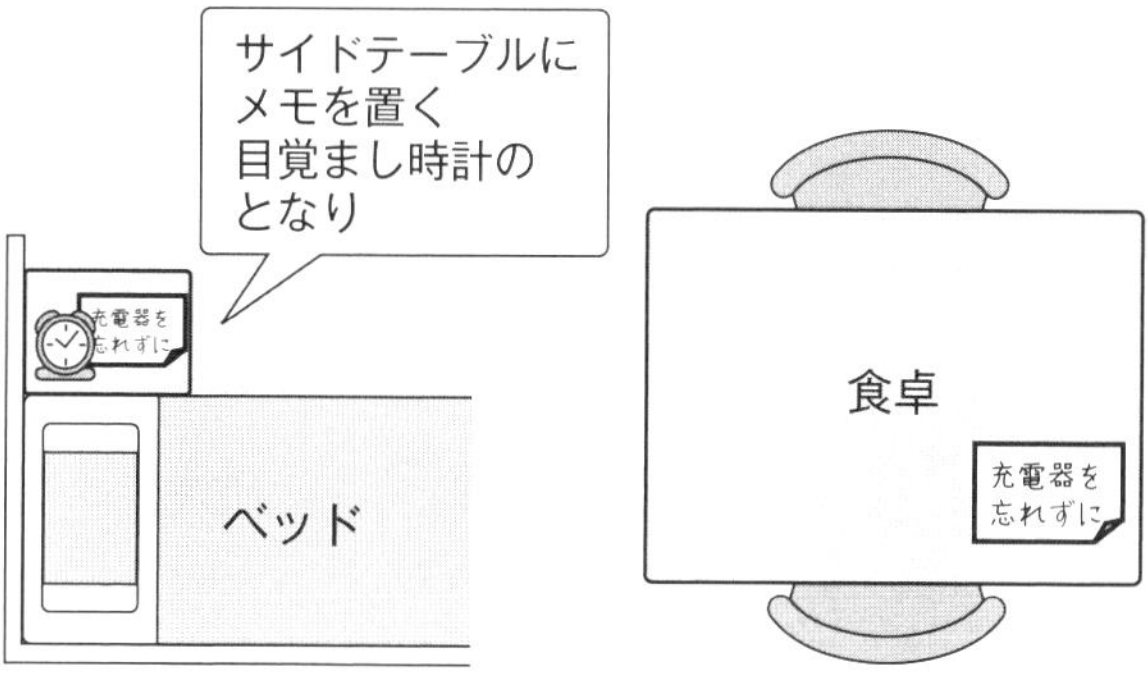

枕元に貼る　　食卓に貼る

◎ 動線に貼れば必ず見る

13 個人情報はメンテナンスする

お客さまの情報や、公私ともにおつき合いしたい社員の個人情報はメンテナンスしておきましょう。ミスをなくしたり、関係を維持したりできるからです。逆に、これを怠ったばかりに連絡が取れず疎遠になることもありえます。

メンテナンスの仕方は簡単で、いただいた名刺に最新の情報を書き込んでおくだけ。**異動や転勤の連絡をもらったら、すぐさま新天地の部署名や住所を赤字でメモしておきます。**そうしないと郵便物が返ってきますし、メールも送れません。

もしくは再会したとき、新しい名刺をもらうのもあり。相手が昇進昇格したら、「おめでとうございます。新しい名刺をいただけますか」と言ってみてください。

同僚の場合は、コスト削減のため、白紙を名刺の大きさにカットします。そして、自宅住所やプライベートのメールアドレスの他、ご家族やペットの名前を教えてもらったら、それもメモします。お嬢さんや、ペット、犬と呼ぶより、名前で呼ぶほうが喜ばれます。

ただ、最近の子供はキラキラネームが多いので、フリガナがマストです。

他社の人は名刺に書く

赤字で修正する

○○社
~~システム部~~　営業部

出村 敏雄
　　　　　　　　　×××△
ダイヤルイン 03-××××-~~××××~~

新しい名刺をもらう→古いのは捨てる

ご栄転おめでとうございます。新しい名刺をいただけますか
喜んで

古い名刺を取っておくとミスのもと
常に１枚で管理する

社員なら名刺大の白紙に書く

企画部
雀　恵一課長
自宅○○市○○○○○○○
ケータイ 090-××××-××××

裏か余白にプラス
ゆりえさん 201X, XX 生
プリンちゃん（犬）

いいご縁がずっと続く

◎ 大切な人と疎遠にならない

14 メールの添付ファイル忘れを防ぐメモ

メールにファイルを添付するつもりだったのに忘れてしまう。

誰もが一度はあるミスで、文章を書く前に添付する習慣を身につけましょうと、前著『絶対にミスをしない人のワザ』で書きました。「順序を変えるだけでミスがなくせた」と読者の方から反響があり、嬉しく思っています。

その後、もうひとつやっていることがあります。それはテンプレートや署名につけ加えるメモです。

添付ファイルを送る仕事がよくあるなら、「ちゃんと添付しましたか？」という自分へのメッセージを加えて登録しておきましょう。

この1文が目に入ると、「おっと危ない、忘れてた。添付しなくちゃ」と気づき、必ずやファイルを添付するようになるでしょう。

そうそう、言わずもがなですが、送信する前にこの1文は必ず消してくださいね。

データを送るときのテンプレート

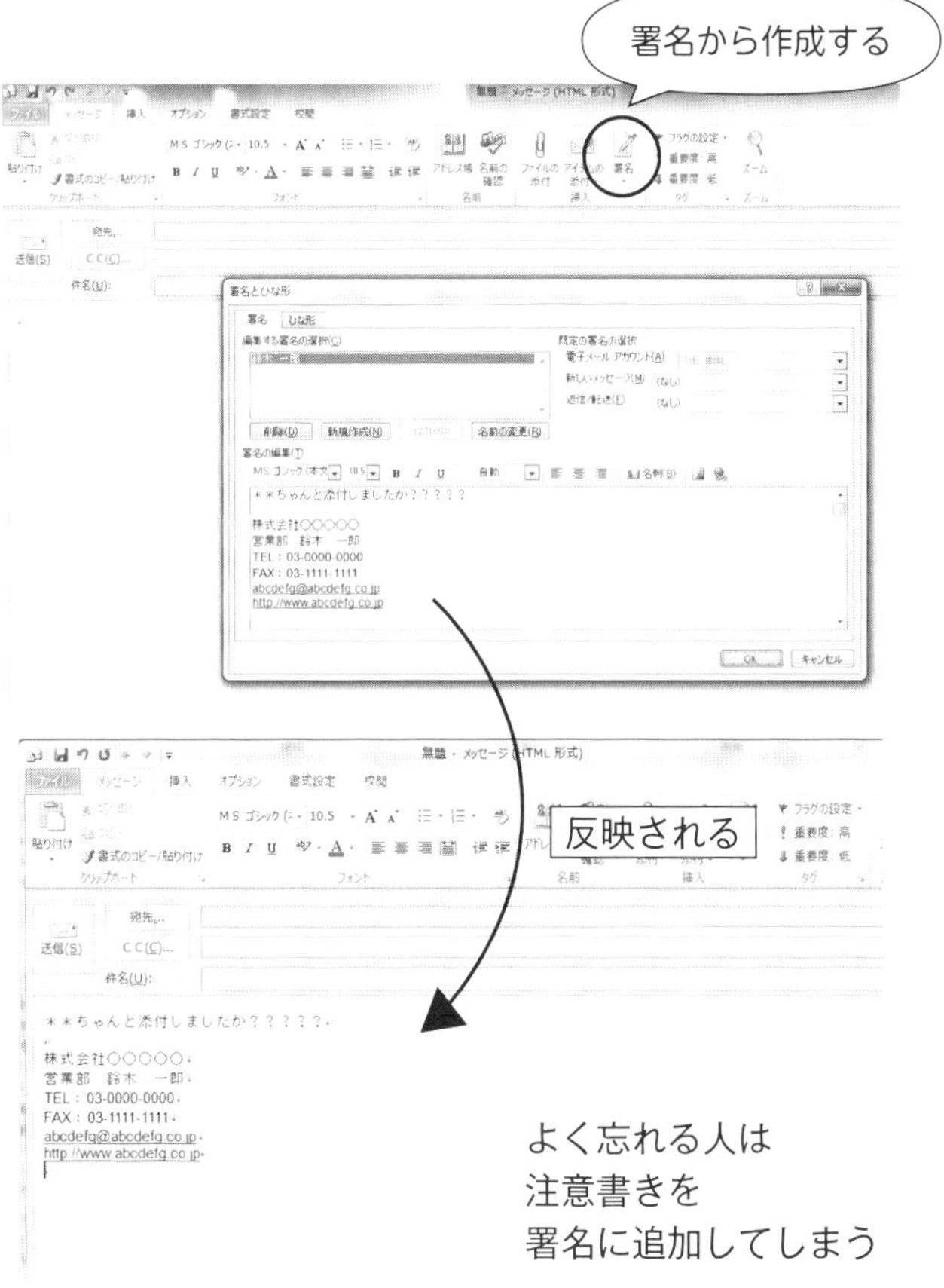

◎ 注意書きを消し、添付ファイルをちゃんと届ける

15 メモはシュレッダーにかける

あなたはメモした紙をどうやって捨てていますか？

パソコンで作った書類やミスプリントした紙はシュレッダーするのに、手書きしたメモをゴミ箱にポイッと捨てる人がいます。

でも、**メモには情報がいっぱい書かれているはず。**

電話の伝言メモには、お客さまの会社名や名前、電話番号などが書かれています。業務上、秘密や他人に知られたくない話を伺うことだってあるでしょう。

ToDoリストにも機密情報が書かれていることがあるので要注意です。

数年前、ある大手企業で顧客情報が流出して問題となりました。その後、社長はインタビューでこう答えています。「メモ1枚でもシュレッダーしています。情報はどこから漏れるかわからないから」と。ピンチをチャンスに変えてコンプライアンスを強化した事例で、メモもシュレッダーすべきなのだ、と気づかせてもらいました。

メモを書いたら、捨てるまで責任を持ちましょう。丸めてゴミ箱に投げるのは今日から禁止。シュレッダーにかけるのが一番安心ですね。

メモから情報が漏れることもある

×
気楽に捨てやすいメモ
・ToDo リスト
・伝言メモ
・指示を書いたメモ
ひひひ
コンプライアンスとは
名ばかりの企業だな

○
メモ君、
役に立ったよ
ありがとう

◎ メモ１枚にも気を抜かない

第5章

ノートの基本

01 仕事ノートと勉強ノートの違い

ノートとのつき合いは、きっとみなさん長いことでしょう。小学1年生のときからランドセルに入れて持ち歩き、自分の手で字を書いていましたよね。

高校や大学に進むと、クラスでノートをきれいに書く人がいました。授業をサボっても、そのノートさえあれば点数が稼げると評判が評判を呼び、貸して欲しい人の順番待ちができるほど。ご多分にもれず、私も友人のノートをコピーさせてもらったひとりです。

ただ、学生時代のノートと、仕事で必要なノートは別物です。なぜかといえば、目的が明らかに違うからです。

学生時代のノート……覚えるために書く
社会人のノート……忘れるために書く

学生時代は、ノートに書いたことを暗記して試験に臨みました。試験会場にノートを持ち込んだらカンニングになってしまうからです。でも、**社会人になったらノートに書いた**

ことを暗記する必要はありません。仕事をしながら、何度も見返すことができるのですから。

「ええっ！　仕事のノートは忘れるために書くの？」と驚いた人もいるでしょうが、仕事は全部覚えなくていいのです。そのかわり必ず記録してください。ミスをなくすための救世主になってくれます。ですから大事なことは、すぐにその場で書き残しておきましょう。

同時に、書いたことは忘れて次の仕事に100%集中して向き合うことも大切です。もし過去のことばかり気にしていたら、一瞬一瞬で正しい判断ができなかったり、新しいアイデアが生まれなかったりします。お客さまの話を聞くときだって、その前に会った別のお客さまのことばかり考えていたらニーズを汲み取れませんよね。

ノートは、そんな切り替え上手になれるツールでもあります。ひとりの人間が同時並行で複数の仕事をこなせるのは、ノートのおかげかもしれません。

ミスをなくすために、ノートを書いて欲しい場面は5つあります。

①仕事の手順を書く
②人から聞いた話を書く
③考えをまとめる
④アイデアを出す
⑤ふりかえりを書く

ノートの最大のメリットは1冊に綴じてあることです。1枚のメモのようにバラバラにならないので、書いた紙をなくす心配はありません。B5、A4サイズなど大きさを一定に決めておけば、冊数が増えても整理しやすいでしょう。

1年間で1冊としても3年間で3冊、5年間で5冊と目に見える形で残ります。それらはあなたの成長の軌跡であり、他の人と差別化するオンリーワンの知の宝庫であり、とても価値の高いものとなります。

ノートの中身は、罫線や方眼紙、ドット、白紙などがあります。いずれを選んだとしても手帳より自由度が高いので、あなたの好きなように書けるのも楽しみのひとつ。お気に入りのノートをいつも持ち歩き、書く習慣を身につけてください。

① 仕事の手順を書く

自分用マニュアルになる

② 人から聞いた話を書く

商談中、会議中、上司と面接中、
指示を受けるとき

③ 考えをまとめる

情報を整理する
問題を解決する

④ アイデアを出す

ゼロベースで思いついたこと、
ひらめいたことを書く

⑤ ふりかえりを書く

ミスしたら　事実→原因→対策

◎　5つのシーンでノートを書く

02 ノートに書くときのルール

ノート選びは、あまりストイックにならず、まずは1冊決めてみましょう。書きはじめると使い勝手のいい悪いがわかるので、もし気に入らなかったら変えればいいと気楽に考えてみてください。

ノートの冊数は多くても3冊まで。ワンベストといって1冊が一番管理しやすいですが、用途によって使い分けてもいいでしょう。例えば次のように使い分けます。

① 自分用マニュアルとして1冊、その他のことを書く1冊
② ふりかえりノートとして1冊、その他のことを書く1冊
③ 自分用マニュアルとして1冊、ふりかえりノートとして1冊、その他のことを書く1冊

続いては、ノートの書き方です。

ノートは後から何度も見返すので、探しやすいように書きましょう。ギュウギュウ詰め

に書き込んではダメ、ぜひ**１案件につき見開き１ページにしてください。**

そして、**「記入日」＋「タイトル」を記入します。忘れてならないのはこの２つです。**

記入日ですが、○年と書くときは、元号か西暦のいずれかで統一してください。

タイトルは、「上司と面談」「改善活動のアイデア」のように簡潔にします。タイトルがないと、どこに何を書いたのかを覚えきれませんし、毎回すべてのページをめくって必要なことを探さなければなりません。タイトルがあれば一目瞭然なので、その効果は大きいです。


また、初対面や知り合って間もない人が複数いる会議や商談では、話の要件だけでなく、出席者のお名前も記録しましょう。そのとき、名字をただ並べて書くよりも、座席表にするのがおすすめです。なぜかというと、そのときの光景が蘇り、役職や名前を覚えやすくなるからです。次に会うとき、すっとお名前が出てくる確率が高まるので、ぜひお試しください。

ノートは未来の自分に投資するつもりで、ケチらないようにしてください。**たとえ空白**

ページがあったとしても、次の案件に移るときはページをめくりましょう。後から書き足せるようスペースを残しておくことも大切です。

新しい案件を書くときは、毎回真っ白なページが現れるので、「よっしゃ」と気分も新たになるでしょう。これは頭の切り替えにも功を奏します。

お気づきでしょうか？　実はこの本も同じ作り方をしています。1項目につき、見開き1ページか2ページで完結させています。

本書の編集者さんとは、今回で3冊目の本づくりのご縁をいただきました。はじめてお会いしたとき、彼の本づくりのこだわりはたったひとつでした。

それは、いつでも右ページのはじめ（縦書きなので）にタイトルを持ってきたいということです。項目によって左のページからはじまったり、ページの途中で次の項目に切り替わったりすると読みにくいと言うのです。

言われてみて「なるほど」と思いました。「後は鈴木さんの好きなように書いてください」と言ってもらえたので、たったひとつのこだわりだけは守ろう、と心に決めたのを覚えています。

さあ、ノートを用意して、1案件につき見開き1ページを実行してみましょう。

ノートは何冊必要？

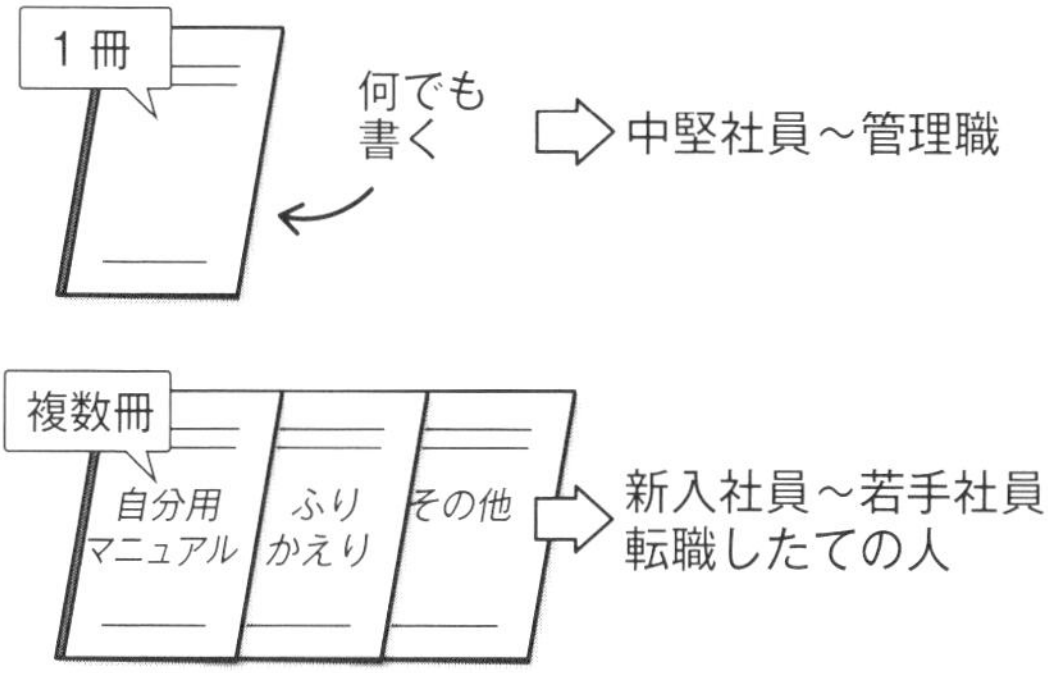

1 案件につき見開き 1 ページ

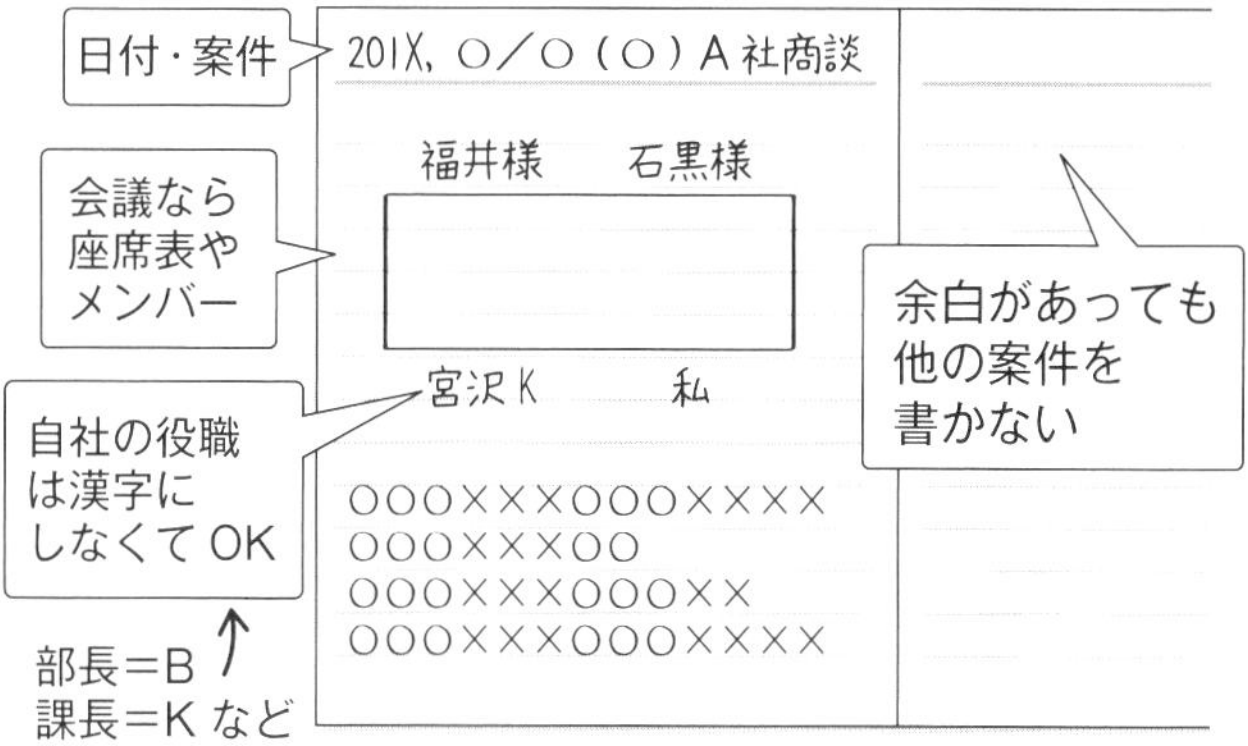

◎ ノートをケチると情報が見つけにくい

03 自分用のマニュアルを作る

以前、日経新聞に「先輩社員に聞いた『気になる新人の言動』」というランキングが載っていました（2010年6月26日プラスワン）。指導役の先輩社員たちが問題だと感じた1位は「メモを取らずに同じことを何度も聞く」、5位は「同じミスを何度も繰り返す」でした。この結果によると、日本全国の先輩たちから後輩に伝えたいのは、「教わったことはメモに取ろう。そうすれば同じミスを繰り返さずに済むよ」ということです。

私は新卒で損害保険会社に入社し、損害サポートセンターといって契約者のお客さまが事故に遭われたとき、各方面と交渉したり保険金をお支払いする部門に配属されました。毎日先輩たちから仕事を教えてもらうのですが、私は覚えが悪く、お金に関するミスを繰り返していました。そのたびに迷惑をかけ、落ち込み、「同期入社のみんなより自分は仕事ができない」と悩む日々が続きました。

ある日のこと、「教わったことはちゃんとノートに取ろう」とようやく気づいたのです。それから1年間で、仕事の手順を書いたノートが4冊できました。会社のマニュアルもありましたが、新人の私には難しくて理解できなかったので、真っ先に調べるのは、いつもノートでした。気づけば、ノートがなくてはならない相棒になったのです。

新入社員を例にしましたが、先輩や管理職になっても自分用のマニュアルを作ることをおすすめします。マニュアルといっても小難しく考えないでください。**ひと通り仕事を終えたとき、ささっと手順やフローを書いておくだけで十分です。**これを省いてしまうと、次にやるとき思い出せず、後悔することがきっとあります。

とくに定型業務や単純作業の場合、ミスやモレをなくせます。

会議室の予約の仕方、出張が決まったらすることなど、マニュアル化されていないことも書いておくといいでしょう。

上司と一緒に行く出張があれば、上司の好みもノートに書き添えておく。「○○課長は、飛行機や新幹線に乗るとき通路側が好み」「ホテルは禁煙室」、そのノートを見ながら手配すれば、やり直しがなくなり「気がきくね」と喜ばれます。人の好みなどいちいち覚えきれないので、ノートに書けばいいのです。

端末やパソコン操作の手順は、画面を印刷してノートにペタッと貼ると、説明文を書くより手っ取り早いです。

やり方がわからずに調べたことはQ＆A方式で書くと、忘れたとき助かります。書くのが面倒なら、参考になったサイトを縮小コピーしてノートに貼ってみてください。

ビジネス文書やメールの書き方は、お手本の文例を見つけて印刷。これもノートに貼っておけば、真似することができますよね。

もしミスをしたら、赤字で防止策を書き足したり、マーカーで大事な箇所を目立たせておきましょう。そう、ノートをどんどん進化させるつもりで。

最後に、**ひと手間かけてインデックスを作ります。**

ノートの難点は、パソコンのようにキーワードで検索できないこと。ですからノートを開かずとも、必要なページを瞬時に探し出せるようにしておくのです。

私が愛用しているのは、スリーエムの2・3センチインデックス型付せんです。

1案件につき見開き1ページにする理由は、インデックスとも関係があります。右のページに1枚だけ付せんを貼ると、探しやすくなるのです。

仕事を終えたら手順を書いておく

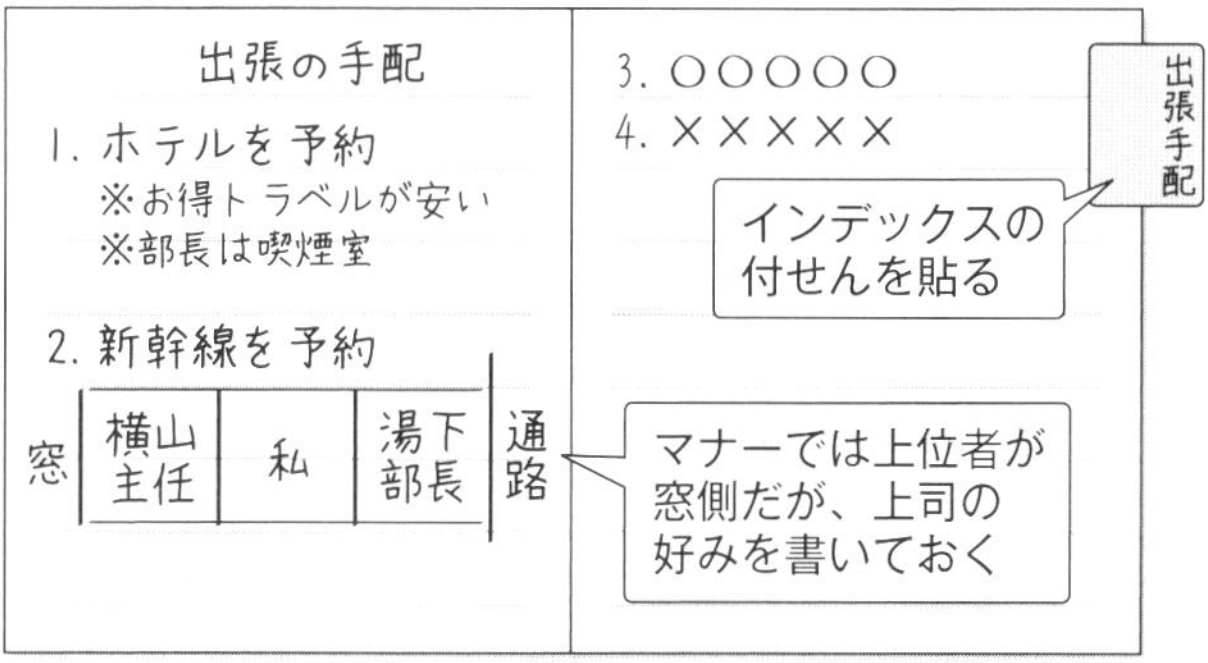

自分用マニュアルに時間をかけすぎない

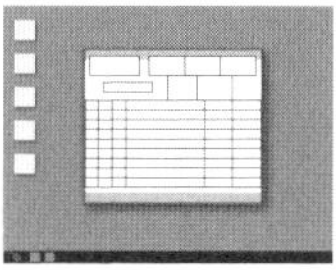

画面印刷

端末やパソコン操作は画面を印刷（プリントスクリーン）して貼る

Q&A集

やり方がわからず調べたことは手書きするか参考にしたサイトを印刷して貼る

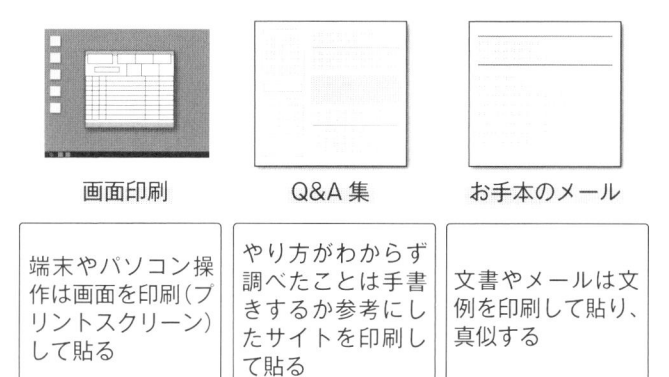

お手本のメール

文書やメールは文例を印刷して貼り、真似する

◎ インデックスがあれば目次はいらない

04 聞き上手になれる5つのノート術

人の話を聞くのと、ノートを取るのと、2つのことを同時進行でするのは意外と難しいですよね。だからといって、どちらか一方に集中しすぎて、もう片方が疎かになってはいけません。

とくに営業や商談でヒアリングをすると、相手の話の中にたくさんのヒントが隠されているので、要望や不満などは聞き逃さずノートに書くことが大切です。また、こちらから提案したり約束したりすれば、それらも書いておかないと、うっかり忘れや約束を反故にしてミスやクレームになってしまいます。では、どうしたら聞きながら上手にノートを取れるのか、その技術について5つのポイントをお伝えします。

①質問を用意する

質問項目は事前に用意しておきます。**話したいことを考え、ノートの上部にリストアップしておきましょう。**その場で考えればいいと高を括っていると、思いつかなかったり、脱線したり、大事なことを忘れたりしがちです。後でメールを送って「先ほど聞き忘れたんですが」「お伝えしそびれたのですが」を連発すると、「せっかく時間を割いたのに」とイラッとされたり、頼りなく思われてしまうので気をつけましょう。

②「聞く」と「話す」のバランスをとる

目線は相手、ときどきノートがベストですが、慣れないうちは半分ずつくらいの気持ちでいてください。**ノートばかり見ていると、相手の表情がわからず真意を汲み取れません。**

人の本音は言葉通りでないこともあるため、非言語のメッセージも受け止めましょう。もし、あらたな質問が生まれたら上部にメモしておきます。相手の話は途中でさえぎらず、最後まで聞いてから質問してください。

③間を取る

話の間ができると、ノートが書けます。そこで**大事なことは復唱してみてください。**「日程は○月○日に決まりました」と言われたら、「日程は○月○日に決まったのですね」と繰り返し、うなずきながらノートに書き留めましょう。その数秒間、相手は話をストップし、あなたがノートを書くまできっと待ってくれます。

④ 要約して確認する

ひと通り話を聞いたらノートに書いたことを要約し、確認の質問をしましょう。「本日のご用件をまとめますと～ということよろしいでしょうか」「私の理解に間違いありませんか」と尋ねてみてください。聞くばかりでなく要約して返すと、正しく理解できたかどうかがお互いにわかります。もし誤解があれば、その場で修正できるでしょう。

⑤ 捨てる

話のすべてを書こうとせず、捨てることも大切です。**重複する部分やすでに知っていることは省いてかまいません。**要点のみを箇条書きしてください。

ある大学で講義をしたときのこと、学生たちは顔を上げずに黙々とノートを取っていました。私の寒いギャグまで書いていたので、「今の話は書かなくて結構ですよ」と教えたことがあります。笑って欲しいのに無反応ですと、話し手は悲しいものです。

話し手が満足する聞き手とは、聞くのと書くのが同時にできる人です。

質問を準備する

・お客さまが困っていること
・要望
・スケジュール
・予算など

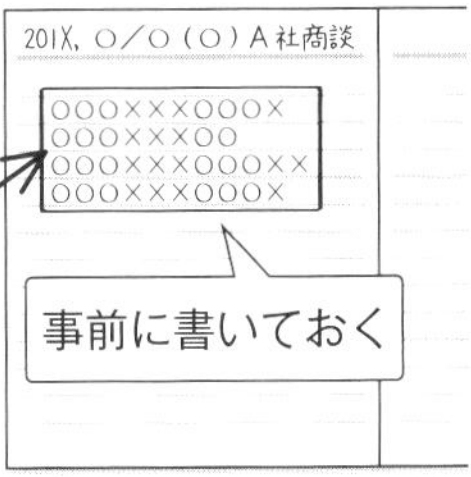
201X, ○/○（○）A社商談
○○○×××○○○×
○○○×××○○
○○○×××○○○××
○○○×××○○○×
事前に書いておく

ノートばかり見ない

他にご要望は
ありませんか？
ありません

相手の表情や態度を見て真意を汲み取ろう

書くことを選ぶ

・重複すること
・すでに知っていること
・雑談の内容

→ 書く必要なし

◎ 必要なことをモレなくダブりなく

05 ふりかえりを記録する

毎日ふりかえりをして記録するのは、正直言って面倒かもしれませんが、とてもいい習慣です。

社会人になるスタートラインはみんな一緒でも、入社3年目までに身につけた習慣が、その後に影響するように感じます。とくに新入社員、若手社員の方は**毎日ふりかえると、PDCAサイクルを自分で回す力がつく**からです。

繰り返しになりますが、人は忘れる生き物なので文字にして残します。でも、もし人が忘れない生き物なら、いちいち書かなくて済むので、とても楽だと思いませんか?

本書を書くにあたり、脳の仕組みについて知りたいと思い、防衛医科大学校の西田育弘教授に教えていただきました。

「すべてのことをこと細かに覚えていると、一般に『うつ病』傾向となります。また、『アスペルガー症候群』の方に見られるように、日常と違ったことに出くわすとパニックになります。正常な脳機能を保つには、『忘れること』が重要なんです。

なぜか。人生は楽しいことは比較的少なく（20%位？）、辛く苦しいことのほうが多い（80%位？）からではないでしょうか。いちいち覚えていて、ふりかえっていると『うつ病』になってしまいます。我々の脳は、これを（遺伝子に書き込まれているかのように）よく知っていて、自分にとって都合の悪いことは、記憶の奥底にしまい込み、なかなか出てこられないようにしていると思われます。

だから毎日、新鮮な気持ちで朝日を迎えることができ、笑顔がこぼれるのです。記憶をたどるクセをつけてしまうと、新しいことに対し嫌悪感が生じます。これがパニックへつながると考えられます。」

つまり100%覚えているよりも、忘れることのメリットのほうが大きいということです。人生は辛く苦しいことのほうが多くても、忘れるからこそ心の健康を保てるのですね。

そういえば、「時間が解決してくれる」という言葉もあります。

となると、ノートに何を書くかも重要です。

悪いことばかり書き連ねると、読み返すときに嫌な感情ばかり蘇ってしまいます。

そうならないよう、ぜひ入れて欲しいのが、うまくいったことや今日の成果です。

「言われたことをやるだけで成果と呼べる仕事なんてしてない」「私はコピーとか庶務とか雑用係なんです」と卑下する人は、前回よりどんなことを工夫したのか、何分スピードアップできたのかなど、改善したことを書いてみてください。きっと誇らしい気持ちになりますよ。

一方でミスや失敗をしたら、そのまま放置してはいけません。よく反省しなければ、また同じことを繰り返します。**ノートにいつ、どんなミスをしたのか、原因は何なのかを書き、同じミスを繰り返さないための作戦を立てましょう。**すると後になって読んだとき、「あのときのミスのおかげで今がある」とプラスにとらえることができます。

つまり、「うまくいったこと」と「うまくいかなかったこと」、「成果」と「反省」のように対比をセットにするのがコツです。

あなたも自分を褒めて励まし、ときに反省させてくれるノートを1冊作りましょう。

書く項目は対比するのがコツ

うまくいったこと ⟷ うまくいかなかったこと
成果 ⟷ 反省
褒められたこと ⟷ 注意されたこと
いい情報 ⟷ 悪い情報

ミスや失敗をしたらプラスに変える

いつ どんなミスをしたの？ ⇒ なぜミスしたんだろう？ ⇒ 同じミスを繰り返さないためにどうする？

事実　**原因**　**作戦**

◎ 毎日ふりかえり、自分を励まし応援する

第6章

ノートの実践的な使い方

01 ノートと手帳はダブルで使う

お客さまが見ている前で、ちゃんとノートに書いたのに頼まれたことや約束したことをすっかり忘れた……。そんなミスをした経験はありませんか？

なぜでしょう。

原因は、なんでもかんでもノートに書くからです。

ノートに書いたことは必要なときに見返しますが、きっと毎日ではありません。そのため、期日を過ぎてからハッと気づくことがあるのです。

ですから**スケジュールに関することだけはノートでなく、その場で手帳に書いてください。**後で転記すればいいと思っていても、帰社するとホッとして、きっと忘れてしまいます。

人の話を聞くときは、テーブルの上にノートと手帳をダブルで用意すること。手帳だけだと、ヒアリングしたことを全部書ききれません。よって、たっぷりスペースのあるノートが適していますが、日時に関することだけは手帳に書いてください。

これでスケジュールミスがなくせます。

スケジュールをノートに書くと危ない

ノートと手帳はセット

期日やアポイントメントなどの予定は
ノートではなく手帳にその場で書く

◎ 日時や期日はノートに書かない

02 約束したことは繰り返す

お客さまに会って約束を交わしたときはノートと手帳に書き、さらに口に出してみてください。クロージングのとき「見積書は○月○日までにお送りします」「次回は○月○日○時に伺います」などと確認し合えば、ミスコミュニケーションが防げます。

また、約束は相手とするものですが、実は自分とも約束を交わすことが大切です。

防衛医科大学校の西田教授によると、記憶には、大まかにいって認知記憶、手続き記憶、情動記憶という3種類があり、それぞれに関与する脳の部位が違うのだそうです。さらに記憶の過程は、記銘、保持、想起の３段階で成り立っており、それぞれの段階でいろいろな脳の部位が関与しています。

そのような理由からでしょうか、**物事を覚える際、脳のいろいろな部分を使うこと（文章に書き出してみること、口に出して復唱することなど）により、記銘、保持、想起という記憶の過程がしっかりと作られるのです。**つまり記憶が定着しやすくなり、また思い出しやすくなるのです。

記憶とは過去の経験を脳に保存しておき
必要になったときに思い出す働きのこと

記憶には主に3つの種類がある

認知記憶	見たり聞いたりなどして外から入ってくる情報など
手続き記憶	自転車の乗り方、職人の研磨の技術など
情動記憶	イヤな感情、爽快感など

記憶の過程には3つの段階がある

1. 記銘	2. 保持	3. 想起
物事を覚えること 主に海馬が 関わっている	脳に保存して おくこと 一般的にいう記憶	それを 思い出すこと
× 耳から耳へ	× 書いたメモを どこかに置き 忘れる	× ここまで 出かかっている のに出てこない
○メモを書く	○いつもメモを 身につける	○メモを見返す

◎ ノートに書いて口に出して記憶を定着させよう

03 黒色だけでメリハリをつける

商談や営業などで人の話を聞くときは、スマートにノートを取りたいものです。

私は勝負用ボールペンと名づけた、少し値の張る筆記用具を使っています。人と対面するときは両手が使えるので軸を回すツイスト式、インクは黒一色です。

一方、ノック式の多色ボールペンは片手でインクが出せるので、手帳用という風に使い分けています。

では、黒字だけでどうメリハリをつけるかといえば、方法はいくつかあります。

- **大事なところにはアンダーラインを引く、線で囲む**
- **強調するところは大きな文字、参考程度のところは小さな文字**
- **質問するところは、「Q（クエスチョン）と?」**
- **提案することは、挙手のイラスト**
- **帰ってから調べることは、「リサーチ」や「ネット（検索）」**
- **決まったことは、二重線にして囲む**

黒1色でも簡単にメリハリをつけることができるので、ぜひお試しください。

黒だけで変化をつける

大事なところ	さらに大事なところ	参考程度のところ
アンダーラインを引く	線で囲む	小さな字
接客に不安	クレーム発生	現場に依存
強調するところ	**質問すること**	**提案すること**
大きな字	Q＋？	（挙手）
教育体制がない	Q. 参加者の年齢層は？	ロープレ大会
帰ってから調べること	**ネット検索すること**	**決まったこと**
リサーチ	ネット	二重線で囲む
リサーチ 競合他店の接客	ネット XX社のホームページ	ロープレ大会開催

◎　後で仕事がしやすいように書く

04 下調べした資料をまとめる

人に会うときや企業を訪問するときは、相手のことを調べておくと会話や商談がスムーズに進みます。

とくに初対面の相手なら、その会社のホームページは最低限見ておくべきものです。

その他、新聞に記事が載っていないかもチェックしてください。**ホームページは必要なところを印刷し、新聞記事は切り抜いてノートに貼っておきます。**またはクリアファイルに挟んでもいいですね。

それを当日持っていきましょう。「この人は下調べしてある」とわかれば、相手は安心してくれます。

逆に、どんな業種なのかも知らないまま伺うと、第一印象から信用を失います。

また、人は自分や自社に興味や関心を持ってくれると嬉しいものです。

政治家の小泉進次郎さんは、全国各地に出向くと、ご当地のネタを話すそうです。大分では演説のはじめに、「選挙に強いアイドルの地元にくることができて……」と言って聞き手を惹きつけていました。きちんと下調べしてあるからこその、ひと言だと思います。

最低限ホームページはチェックすべし

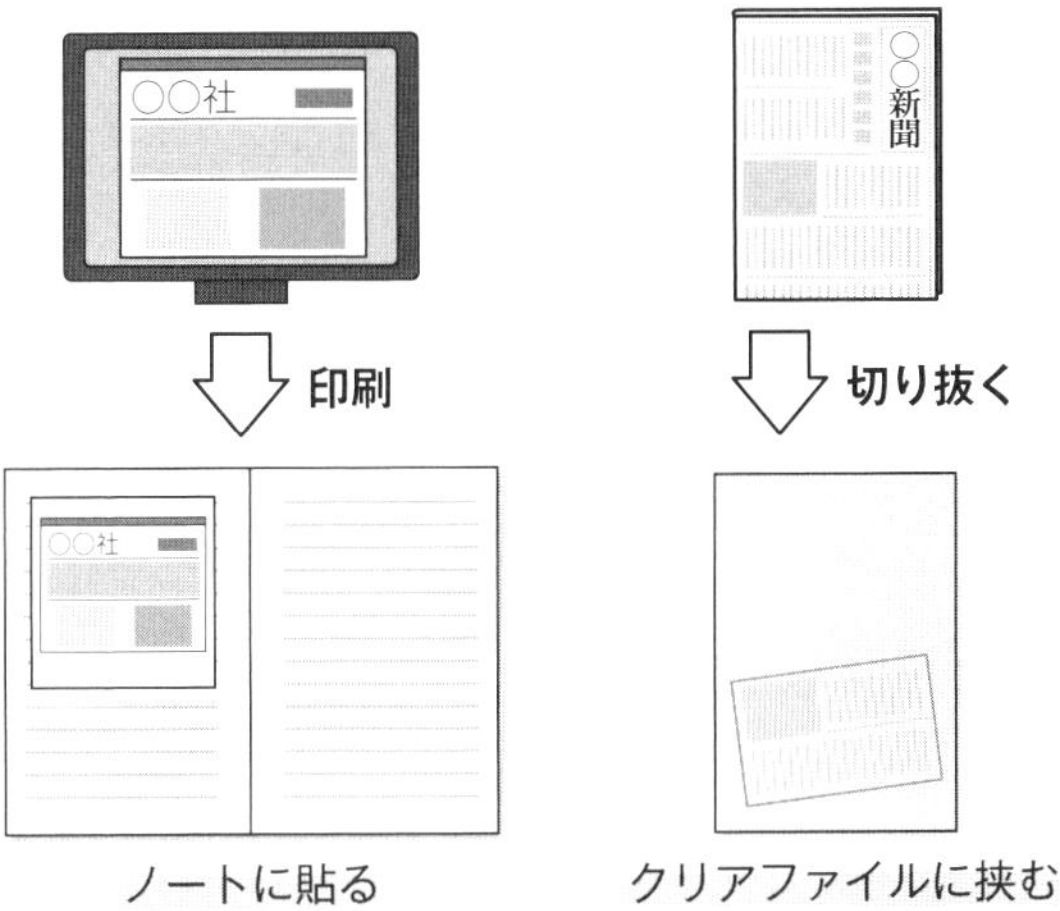

相手との共通点をノートに書く

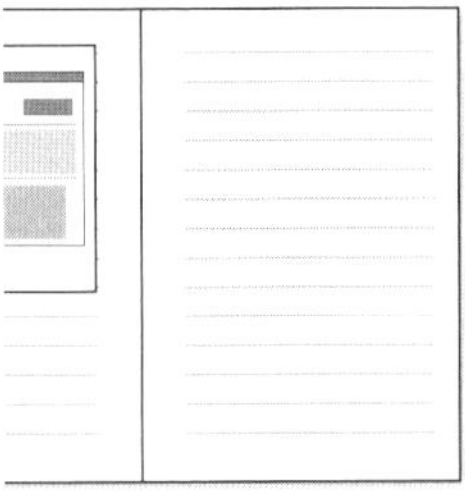

○○さまは北海道出身なのですね！
私も北海道で生まれました！

○○さまは転職経験がおありだとか
私も今の会社は２社目なんです

◎ 下調べから勝負ははじまっている

05 レポートパッドはファイリングできる

ノートに慣れたら、レポートパッドを併用するのもひとつの手です。私が使っているのはメモと同じシリーズで、黄色の紙に赤い罫線が引いてあるＡ４サイズのものです。

レポートパッドのいい点は、切り取ってファイリングできること。複数の案件を同時に進めていくとき、ノートだと情報があちこちのページに分散してしまいます。でも、**レポートパッドなら客先や案件ごとのファイルに入れられるので、見返すとき便利です。**

また、１年に１回の頻度など時間が空く仕事などは、前回の情報が別のノートに書かれていることがありますね。そんなときもレポートパッドを使ってみてはいかがでしょうか。

外出するときは、レポートパッドをカバー（ホルダー）に挟んで持っていきます。カバーは頑丈な分、重いですが、人前で出すならカバーつきのほうが見た目はいいと思います。

というのは、レポートパッドだけバッグに入れた日、大雨が降って紙が濡れてヨレヨレになってしまいました。バッグから出すのが恥ずかしかったので、紙を守る意味でもカバーをつけるようにしています。

情報が分散するとミスをする

- 同時にいくつものプロジェクトを進める人
- 複数の顧客と仕事をする人
- 同じ仕事の間隔が1年くらい空く人

↓

- 1冊のノートにいろいろな案件が書かれていてわかりづらい
- 1冊で案件がおさまらないことがある
- どこに書いていたかわからなくなる

整理するのが楽になる

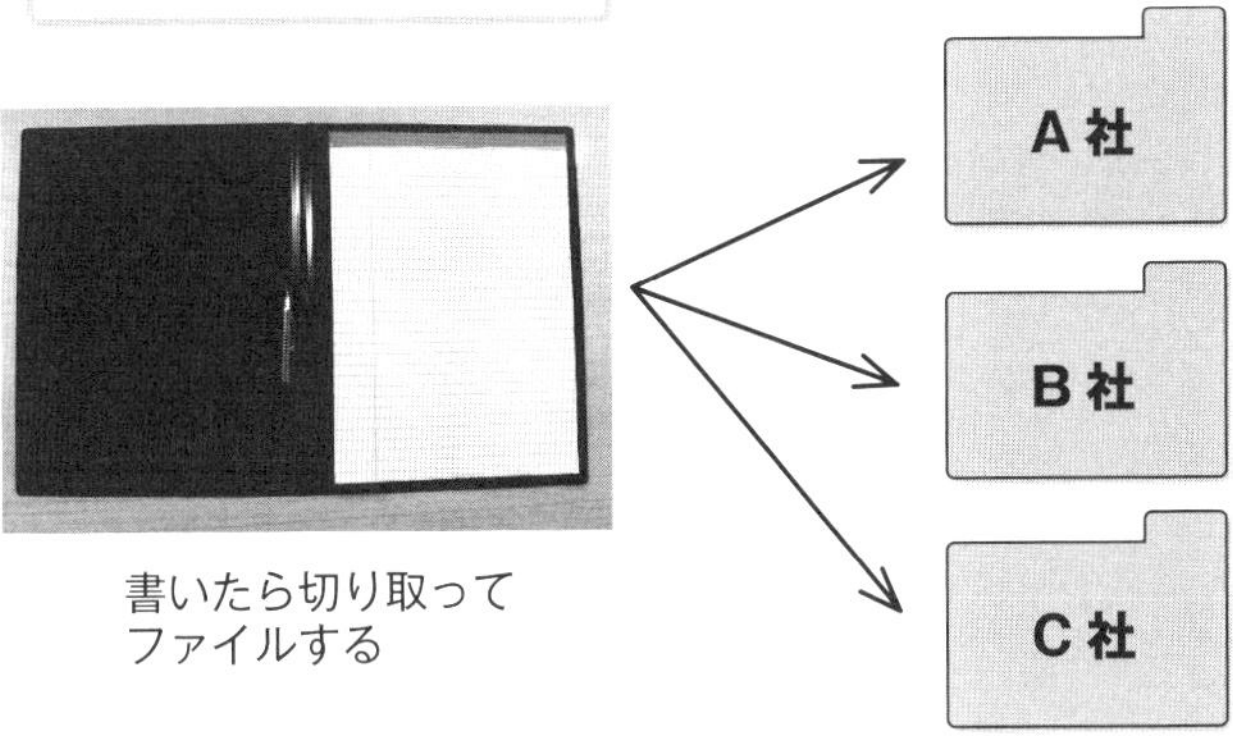

◎ 使い勝手がいい方法を選ぶ

06 企画書が作れるノートの書き方

企画を立てるときは、考えをノートにまとめてから、パソコンで一気に作成するといいでしょう。

ノートは見開き1ページを使います。まず、**左ページは縦線を引いて2分割してください。左側が現状分析、右側があるべき姿というように対比させるのがポイントです。**

お客さまの問題を解決するなら、左側に困っていることやお悩みを箇条書きしていきます。これがビフォーで、右側がアフター、つまり改善後のイメージです。お客さまの喜ぶ顔を想像しながら、「どんなお手伝いができるだろう」と考えてみてください。

テーマが決まったら、右ページに表を作ります。

企画書に必要な項目は、おおよそ決まっているので、ヒアリングしたときのノートや参考資料、情報をまとめたファイルなどを見返しながら、それぞれの空欄を埋めていきます。

このとき抽象的にならないよう、できるだけ数字を使いましょう。

いきなりパソコンに向かうと、考える工程を省いてしまうのでうまくいきません。ノートを使って、じっくりと考えを深掘りしてみてください。

左ページ

○／○　A社企画書	
ビフォー	アフター
・入力ミスが多い ・ミスの原因がわからない ・ミス防止の対策がない	・入力ミスが激減する ・ミスの原因がわかる ・ミス防止の対策を作る

逆にすればいい

右ページ

テーマ	A社の入力ミスを減らす	
御社の課題	ミス多発 50件／昨年201X年（前年比＋15件）	
目標	10件／201X年（前年比－40件）	
ご提案内容	1. ミスの実態を調査する 2. ミスの原因を分析する 3. ミス防止の体制を構築する	
実施計画	スケジュール ------------ ------------	予算 ------------ ------------

数字を使う

◎ **お悩みや問題を解決したら喜ばれる**

07 問題解決の手法は自己流でいい

問題を解決するときノートがあると、ひとりで考えをまとめたり、頭の中を整理整頓できたりします。**ミスが多くて悩んでいたら、原因をあれこれ探ってみましょう。**

ある職場で「ミスが増えたのは体調のせい？」と、仮設を立てた人がいます。

彼は残業が恒常化していて疲れていました。ミスの原因はわからなかったのですが、ノートにあれこれ書き出しながら、ふと体のことが気になり病院で検査を受けました。すると予感は的中し、要治療の結果が出ました。でも、そのおかげで休みを取ったり早帰りをして治療に励み、数カ月後には健康とミス激減の2つを手に入れることができたのです。

このような問題解決するときのノート術には、いろいろな手法があります。

魚の骨を作る、マトリックスにする、フレームワークを使うなど。ただ、**人にはそれぞれ得手不得手があるので、ムリをしてまで特定の手法を取り入れる必要はないと思います。**

実は私、文章は人並みに書けますが、絵や図を書くのは苦手です。

文が好きなら文で、図が好きなら図で、要はノートを使って問題解決のヒントを見つけましょう。

フレームワークを無理に使わなくていい

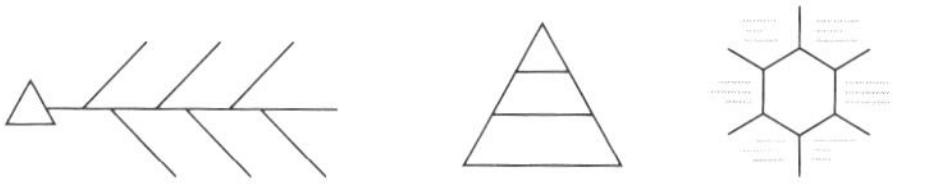

「なぜ」を繰り返すだけなら楽

最近よくミスをする

↓なぜ？

スピード重視だから

↓なぜ？

早く帰りたいから

↓なぜ？

疲れが取れないから

↓なぜ？

もしかしたら体調不良？？

◎ まずは書いてみることが大切

08 会議で意見が言えるノート

あなたは会議中に意見が言えますか?

私は20代の頃、会議がキライでした。ましてや上司や先輩社員に意見するなんて想像しただけでも冷や汗が出たからです。案の定、先輩に呼ばれて指導されたことがあります。「会議に出て黙って座っているだけじゃダメ。たまには自分の意見を言ってごらん」。

それから勇気を持って発言するようになり、今では会議が好きになりました。

会議中はノートを取りますが、自分の考えが思いついたら書き出すといいでしょう。準備しておくと、いきなり指されたときも安心です。頭が真っ白になって何も言えないという失敗はなくせます。

なお、**会議では受容することが大切です。**どんな意見でも「なるほど、そういう考え方があるのですね」といったん受け止めてから「私の意見も聞いてもらえますか?」と切り出せば、みなさん耳を傾けてくれます。真っ向から反対するのは建設的ではありませんし、かの松下幸之助さんの言葉通り、談笑するくらいのほうがいい結論を導けます。

ノートに書いた意見をちらっと見て、自信を持って発言してみましょう。

ふきだしにすると他の情報に埋もれず目立つ

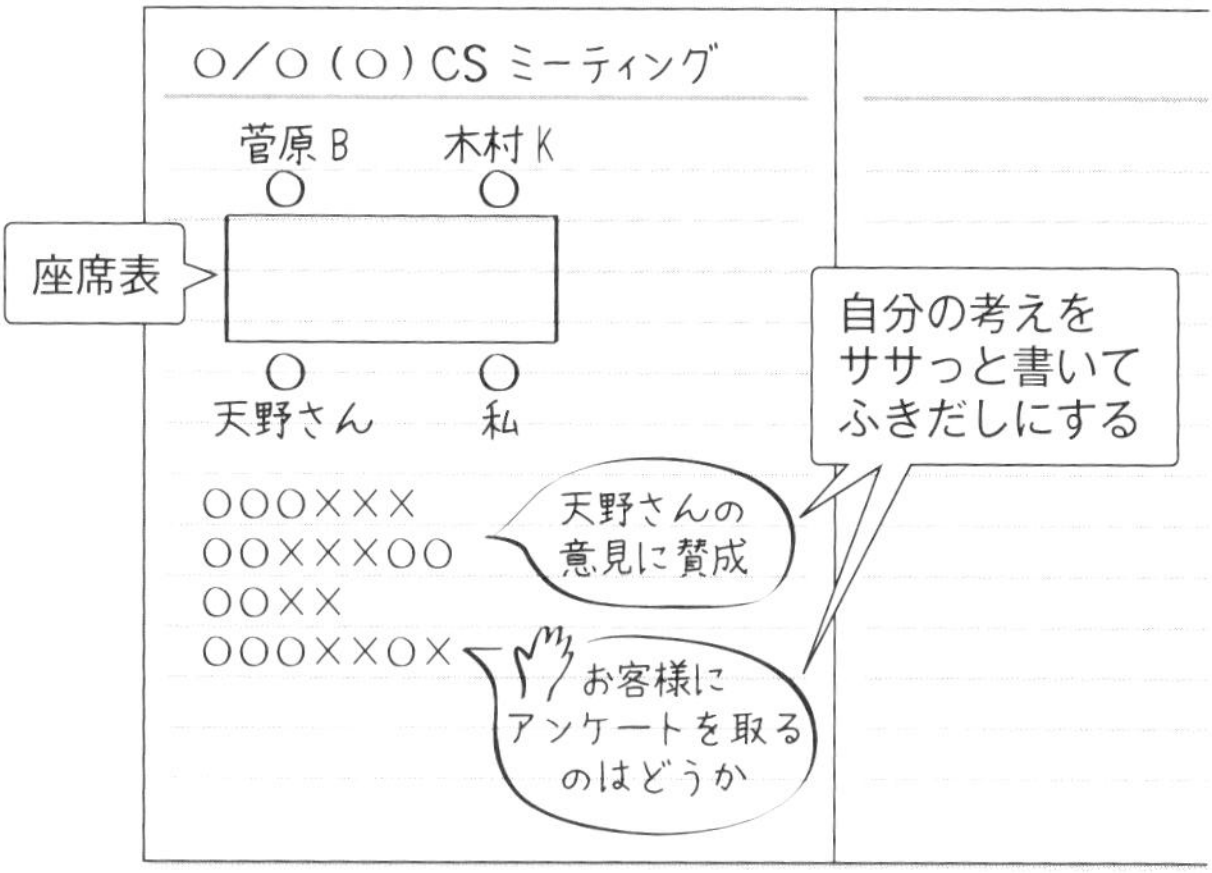

管理職やリーダーが気づかないこともある
自信をもって自分の意見を言ってみよう

Yes And 法

なるほど そういう意見があるのですね
Yes

私の意見も 聞いてもらえますか？
And

◎ オブザーバーからメンバーに昇格しよう

09 ひとりブレーンストーミング

企画や提案をするときは、いいアイデアを出せるどうかが勝負の分かれ目です。

ブレーンストーミングという言葉をご存じでしょうか？　「ひらめきの嵐」と訳し、アイデア出しをする会議で行います。

原則は4つあって、まずは質より量。質を気にせず、とにかくアイデアを出します。研修では「1人7つは意見を出してください」と、数を決めてしまうこともあります。

2つ目は自由奔放、なんでもありということです。

3つ目は批判厳禁、他人の意見を否定してはなりません。

最後は便乗歓迎、「いいですね。さらにつけ足すと」と便乗するのはよしとします。

とはいえ企画書や提案書を作るときは、自分ひとりで考えることが多いはず。ブレーンストーミングをたったひとりでしてみてください。**テーマを決めたら思いつくことをノートにどんどん書き出すだけ。しかもキーワードや単語だけで結構です。**

内なる発明を拾いあげることが大切で、採用するかボツにするかは後で判断すべきこと。

この本も、ひらめいたことをノートに書きためてから原稿を書きました。

ブレーンストーミング４つの原則

- **質より量**　発言の出来や、恥ずかしさを気にせず、
黙らないでとにかく言う
一定の時間内でアイデアの数を決めてもいい
- **自由奔放**　「非常識」大歓迎
- **批判厳禁**　他人の意見を否定してはならない
- **便乗歓迎**　他人のアイデアを土台にするのはいい

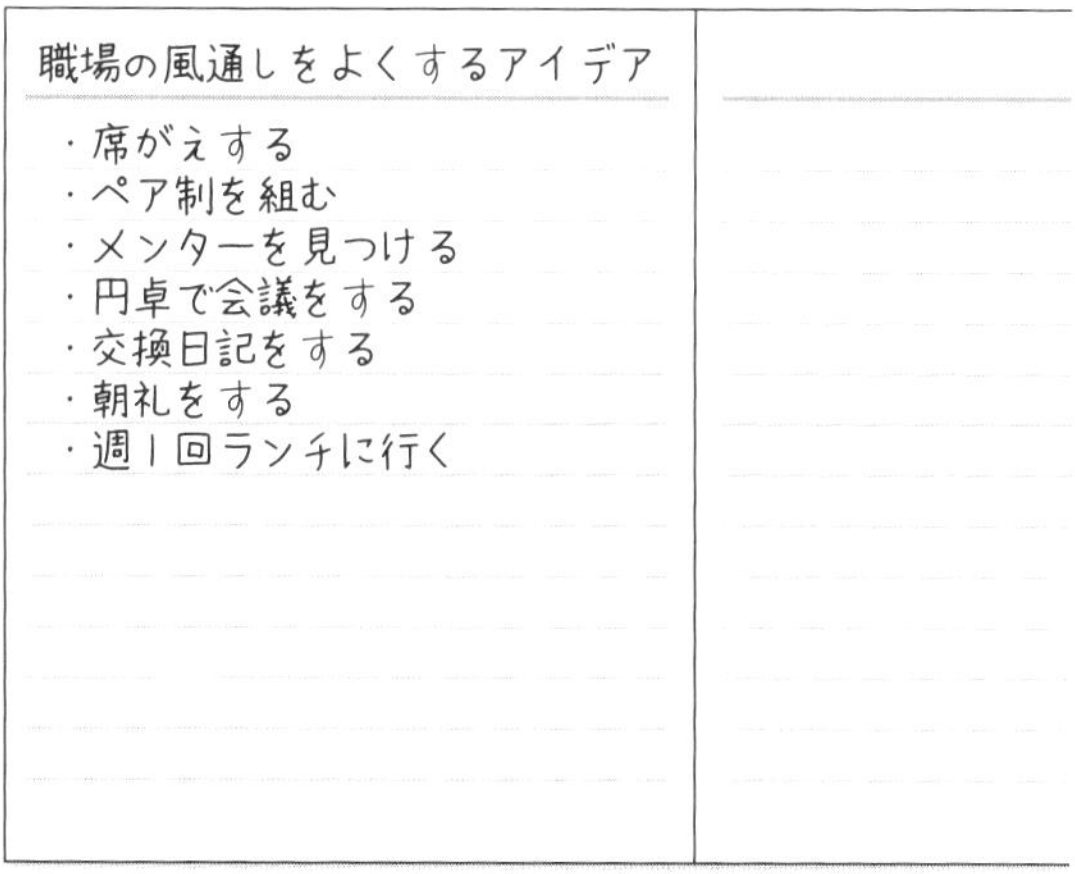

職場の風通しをよくするアイデア
・席がえする
・ペア制を組む
・メンターを見つける
・円卓で会議をする
・交換日記をする
・朝礼をする
・週１回ランチに行く

はじめから完璧な企画なんてない
小さな種が大きくなるかもしれない

◎ ノートがあるとひとりでアイデアが出せる

10 ふりかえりノートの書き方

ふりかえりノートは、見開き1ページ＝1週間分がちょうどいい量です。

「少ないのでは?」と思うかもしれませんが、7ミリ罫線の場合、30行あるので3つに割ると1日あたり10行。これならスペースが十分あるうえ、負担なく書けるでしょう。

あらかじめ定規で線を引き、日付を入れておくと書きモレがなくせます。

金曜日になったら、1週間分を読み返してみてください。**6日目のところは余白になっているので、同じミスを繰り返さないための作戦を立てましょう。**

作戦は1週間につきひとつでも、1年後には約50個貯まるので、ぜひ連番を振っておいてください。後からノートを見返すとき、この欄だけ見れば、ミスを激減させるヒントがわかります。

はじめは真っ白なノートだったのに、あなたの手で価値の高いハウツー集に生まれ変わるのです。

次に紹介するヒヤリ・ハットもぜひ書いておいてください。

手軽に続けられる仕組み

見開きで6等分する＝1週間分

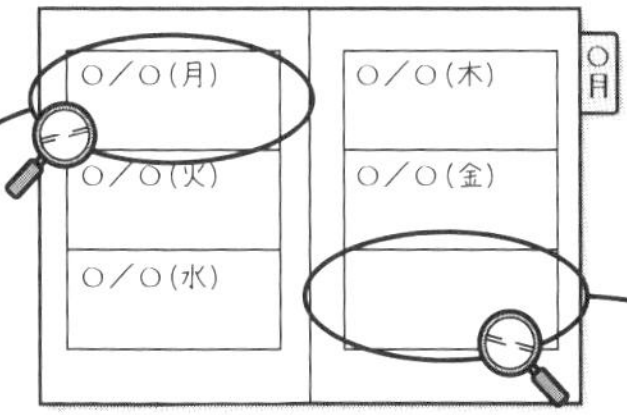

○／○(月)　成果	反省
データ入力　200件 ○／○より3分スピードアップ！ 誤入力0件！	事実：報告書の納期を すっぽかした 原因：手帳に書いたのに 見返さなかった 対策：デスクにいるとき手帳は 開いたままにする

余白にミスをなくす作戦を書く

1, デスクにいるとき手帳は
開いたままにする

・後からこの欄だけ見返すと、ハウツー集として役立つ
・見返したくなる宝物のノートにグレードアップ

◎ ふりかえりを書くとミスがなくなる

11 ヒヤリ・ハットを書いておく

「ヒヤリ・ハット」とは、重大な災害や事故にはならなかったものの、その一歩手前の発見をいいます。医療現場ではヒヤリ・ハットを共有してミス防止に役立てています。

一方、オフィスワーカーの場合は、オープンにしないことが多いのではないでしょうか。評価が下がらないよう、できれば隠したい。それが本音だと思います。

ミスしたら報告。これは報連相の基本ですが、たしかにヒヤリ・ハットを報告せよ、とまでは上司に言われないかもしれませんね。

それなら、こっそりノートに書いておきましょう。**「おっと危ない」の発見は、同じ仕事をするとき、ミスを防ぐ大事なチェックポイントになるからです。**

というのも先日、請求書を送る直前に「消費税率が違う」と気づきました。その企業から数年ぶりに仕事を頼まれ、前回の請求書を使い回したところ5％のままだったのです。気づいてほっと胸をなでおろし、この経験を活かさないともったいないと思いました。

ヒヤリ・ハットは宝の山。自分用マニュアルやふりかえりノートに記入し、必ずチェックする項目を決めておくとミス防止に役立ちます。

オフィスワークのヒヤリ・ハットとは
ミスしなかったものの一歩手前の発見

報告の義務はない

⇩

ふりかえりノートの反省欄に書き、ミス防止に役立てる

成果	反省
	ヒヤリ・ハット：請求書の消費税率が 5% のままだった 原　因：数年前のエクセルを使い回したから 対　策：また消費税率が上がるのに備えて赤字で保存する

マニュアル用ノートにチェックリストを作る

請求書チェックリスト

	消費税率は正しいか？
	内訳を足すと合計額になるか？
	日付はエクセルの関数「TODAY」だが、発信日と合っているか？

◎ ヒヤリ・ハットを活かさないともったいない

12 貯ネタノート

「雑談するとき何を話したらいいですか？」と、よく相談を受けます。

たしかに緊張して堅い表情のまま人に会い、唐突に本題に入ると「コミュニケーションが苦手な人」というレッテルを貼られかねません。そんなお悩みがあるなら、**ノートに話すネタを書いておきましょう。** 貯金ならぬ貯ネタです。

例えば、無難な質問を3つほど決めておくと楽です。

「最近調子はどうですか？」「残業は多いですか？」「お休みを取っていますか？」。

これらは、いつでもどこでも誰にでも使えます。話すのが苦手なら、質問を投げて相手に話してもらえばいいのです。私はこの3つで切り抜けているのですが、みなさん「残業が多いんですよ～」「この前、旅行に行ったんです」などと話を広げてくれます。

マメな方は、**相手別のネタを用意しておいてください。** 人別に趣味や得意なこと、会ったら忘れずに伝えたいことをメモしておきましょう。

お笑い芸人はネタ帳を持っているそうです。アドリブだけで勝負すると失敗する確率が高いので、日頃から面白いネタをしたためているのですね。

トークが苦手なら相手に話してもらえばいい

万能な質問

最近調子はどうですか？

残業は多いですか？

お休みは取っていますか？

ネタを集めておく

会う前に話のネタをノートに書いておく

△△さん 旅行が大好き いろいろな観光地について聞く □□さん グルメなので、 美味しいお店を教えてもらう ○○さん 子煩悩 お子さんの成長について聞く	

◎ ちょっとした準備でコミュニケーションが得意になる

13 出張先のホテルを記録する

出張先のホテルでは、移動や緊張による疲れを取りたいものです。

ただ、予約するときホテルのホームページを念入りにチェックしても、いざチェックインすると期待外れなこともありますよね。

例えば、ビジネスホテルのアメニティ。リンスインシャンプーしかない、タオルがしょぼい……と後悔した経験はありませんか？　夜遅くにコンビニへ行くのも面倒です。

快適な環境とそうでない場合、モチベーションにも大きく差がつきます。次は他のホテルに乗り換えるにせよ、リピートするにせよ、出張の記録とともに書いておきましょう。

ノートには、ホテルのいい点と悪い点を記入しておきます。

エレベーターの前の部屋だと眠れない、部屋が乾燥しているなど気づいたことがあれば、次回は「できればエレベーターから遠い部屋」「加湿器を貸し出して欲しい」とリクエストすればいいのです。

もちろんいいことも見つけてください。アクセスがいい、朝食がおいしい、ペットボトルの水が1本無料、大浴場ありなど。きっと出張が楽しくなるでしょう。

⇩ **記録**

KYホテル　★	
〈Good〉 アクセスがいい 狭いが大浴場あり	〈Better〉 スリッパがビミョー →使い捨てのを持っていく

お気楽ホテル　★★	
〈Good〉 ペットボトルの水1本くれる →コンビニで買って いかなくてOK	〈Better〉 朝食のコスパ× →近くのカフェで モーニングしよう

お気に入りのホテルが見つかればリピートしよう
ただ人気ホテルは早く予約しないと満室になってしまう
大阪など稼働率が高いと予約が取れないこともあるので
候補をいくつか持つのがおすすめ

◎ 仕事のパフォーマンスを上げられるホテルを選ぶ

第7章

夢や目標を叶えるための記録術

01 役員は常にメモを取っている

7章では、目標を必ず叶えるための記録術についてお伝えします。

日産自動車のカルロス・ゴーン社長兼CEOはこう言っています。

「成功する人は『決して失敗しない人』ではありません。状況が悪くなったことにすぐに反応できるから、成功につながるのです。誰でも失敗します。（略）**大切なのは『ミスを早く検知すること』です。**」（日経電子版　2016年7月27日）

各企業でお目にかかる役員のみなさんは、やはり日頃からリスクマネジメントに注力しています。**いつでもどこでも手帳とボールペンを必携していて、まるで体の一部のよう。**理由を聞くと「悪い情報が真っ先に自分の耳に入るようにしている。だからいつでも書くものを持ってスタンバイしているんだ」とおっしゃっていました。

自分ひとりのミスだけでなく全社員のミスの責任を取る人は、「おい君、メモしておいてくれたまえ」と部下任せにしません。自分の手でメモを取るのがいかに重要なのかをわかっていて、長年続けてきたからこそ今では重責を担っているのでしょう。

次のステージに進む人は、みんなメモを取る習慣を身につけています。

役員に共通していたこと

1、聞き上手で話を引き出すのが得意

2、話を聞きながらメモを取る

3、スキマ時間があると書いたメモや手帳のスケジュールを見直す

聞く　→　書く　→　読む

記憶として残る

⇩

ビジネスチャンスに活かせる

◎ 継続は力なり

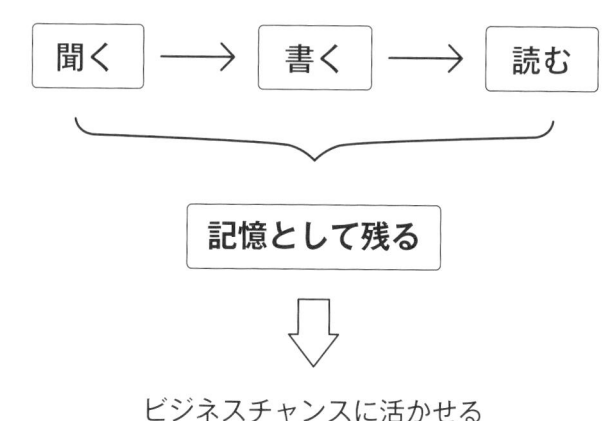

02 やりたいことリスト

ToDoリストは今日やることを書いたもの。目標を叶えるには、別にやりたいことリストを作りましょう。

国の政策も企業の経営も中長期的な目標があって計画が決まります。それを真似て、あなたのやりたいことを書き出してみてはいかがでしょうか。

「将来が不安」というお悩みを聞くことがあります。仕事、健康、お金、家族、もろもろの不安を抱えるのは誰だって同じはず。それよりも目標に向かってはじめの一歩を踏み出してみませんか？　そして時機がくるのを待ちましょう。

私は起業したとき、やりたいことを5つ挙げて名刺の裏に刷りました。5つのうち、すでに経験があったのはたったひとつ。それなのに、数年後には全部実現して不思議なくらいでした。理由は、**文字にして見えるようにしたからだと思います**。それまで、あーでもないこうでもないと、ノートにやりたいことをいっぱい挙げて、絞り込んだ5つでした。

リストは自分だけの秘密にしてもいいですが、誰かに見せると協力してもらえたり、声がかかったりするチャンスが生まれることでしょう。

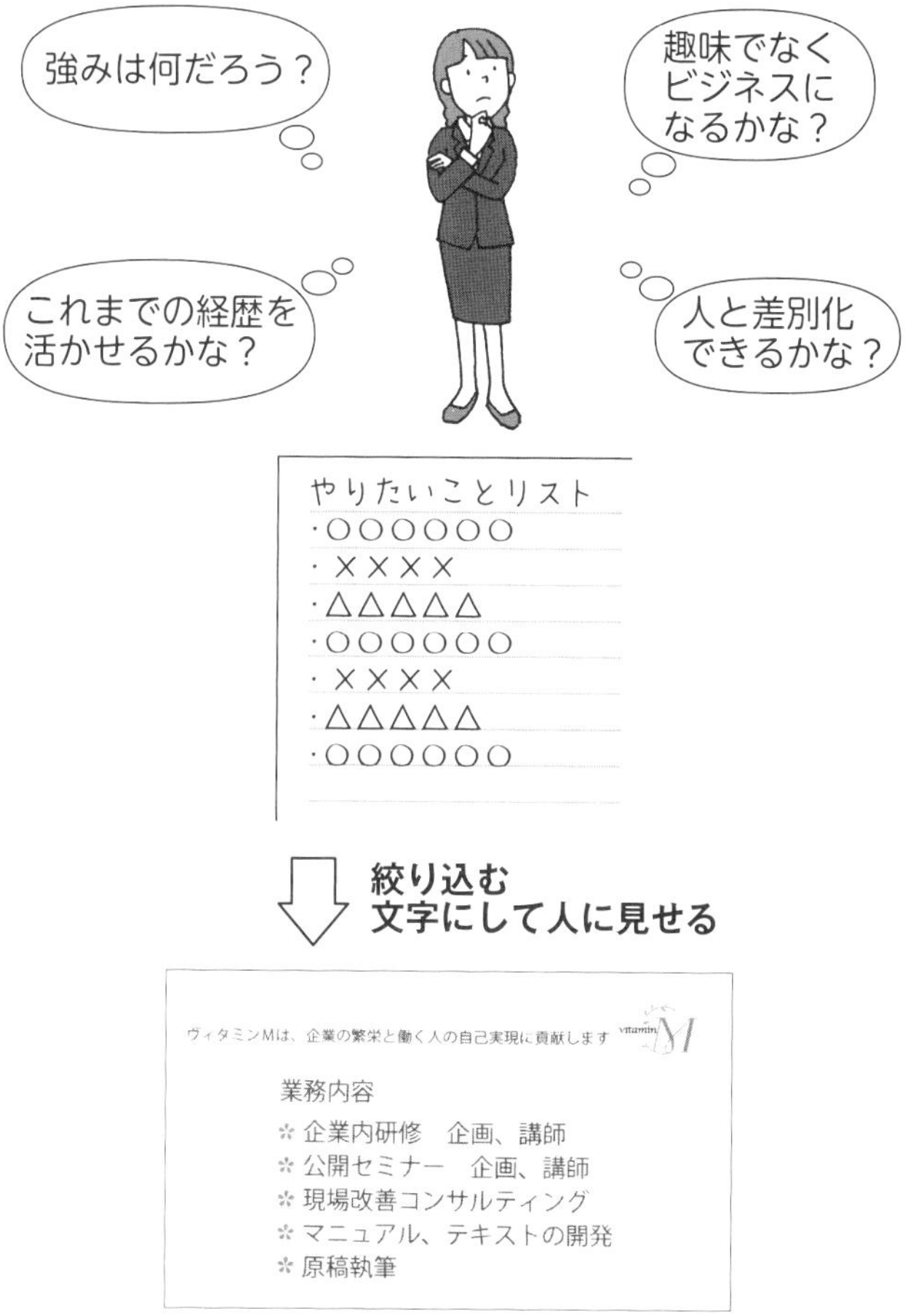
強みは何だろう？
趣味でなく
ビジネスに
なるかな？
これまでの経歴を
活かせるかな？
人と差別化
できるかな？
やりたいことリスト
・○○○○○○
・××××
・△△△△△
・○○○○○○
・××××
・△△△△△
・○○○○○○
絞り込む
文字にして人に見せる
ヴィタミンMは、企業の繁栄と働く人の自己実現に貢献します
vitamin M
業務内容
企業内研修　企画、講師
公開セミナー　企画、講師
現場改善コンサルティング
マニュアル、テキストの開発
原稿執筆

2006年 起業したときに作った名刺の裏面

◎ 考えているだけではチャンスが巡ってこない

03 「いつか」は禁句

目標を叶えるために、禁句にしたい言葉があります。

それは「いつか」です。「いつか部下を持ちたい」「いつか社長賞をもらいたい」「いつか本を出したい」、そんな話を聞くと、ウンウンがんばってと応援したくなります。でも、残念ながら彼らから吉報が届くことはあまりありません。

なぜでしょう。それは「いつか」というアバウトな期限を設けているからです。「いつか○○したい」のままでは、夢物語に終わりやすいのです。

また、至急の仕事を優先すると、締切りのない、ましてや自分のことは先送りして手つかずになってしまいます。でも考えてみてください。時間は無限でなく有限です。

つまり、行動に移せる人だけが、目標を叶えられるのではないでしょうか。

よって「いつか」は禁句。

「○年○月○日まで」のように期限を決めましょう。するとぼんやりと描いていた夢が現実的になり、具体的な計画に落とし込めます。

やりたいことリストには、それぞれ期限をつけましょう。

緊急ではないが重要なものをやる

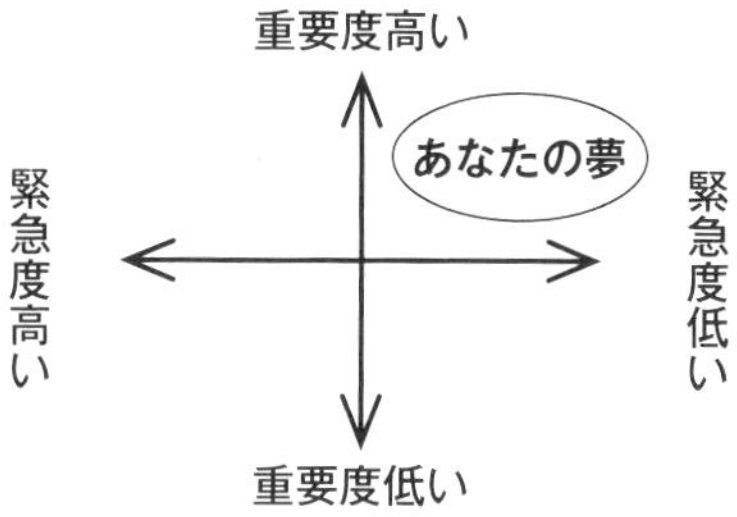

オリンピック選手は１年ごとに目標を決めている

2020 年　東京オリンピックで金メダルをとる
↓ そのためには
2019 年　アジア大会で優勝する
↓ そのためには
2018 年　日本大会で優勝する

スポーツ選手が現役として活躍できるのはビジネスパーソンよりはるかに短い期間
それに比べて私たちはのんびり構えがちなので1年ずつタイムリミットを決めてやろう

◎ やりたいことリストに締切りをつける

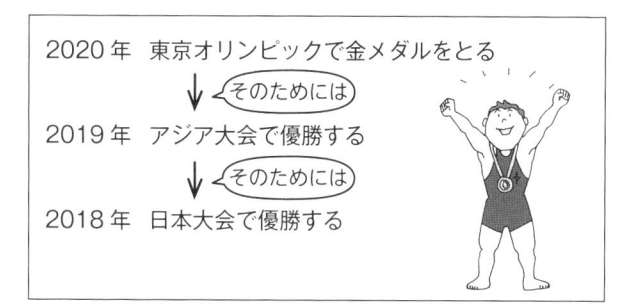

04 目標やスローガンを手帳に書く

1月はじまりの手帳なら1月、4月はじまりの手帳なら4月、**手帳を使いはじめるときは今年1年の目標を最初のほうのページに書いてみてください。**

また、月ごとや週ごとのミニ目標やスローガン、タスクも都度決めましょう。うっかり忘れやヌケ・モレをなくせるうえ、進捗管理もうまくいきます。

職場で目標管理制度がある人も多いでしょうが、目標という名のノルマもあります。仕事ですから、本意でないことをやらなきゃいけないこともありますよね。

一方、**手帳に書く目標は、組織のためでなく自分のため。**だから公私混同でかまいません。仕事はもちろん、毎日の生活や人生を豊かにするのが目的です。

私は毎年、お正月になると目標を決めます。目標は仕事中心ですが、人づきあいの心得、お金のこと、時間の使い方、自己啓発についても毎年書き出しています。

目標を立てるのと立てないのでは、1年間の過ごし方がまるで違ってきます。かといってストレスになると本末転倒なので、「願いが叶いますように」くらいがちょうどいい加減かもしれません。

年ごと、月ごと、週ごとの目標を決める

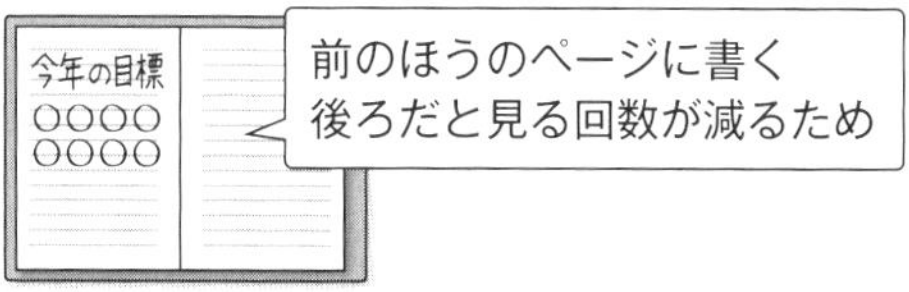

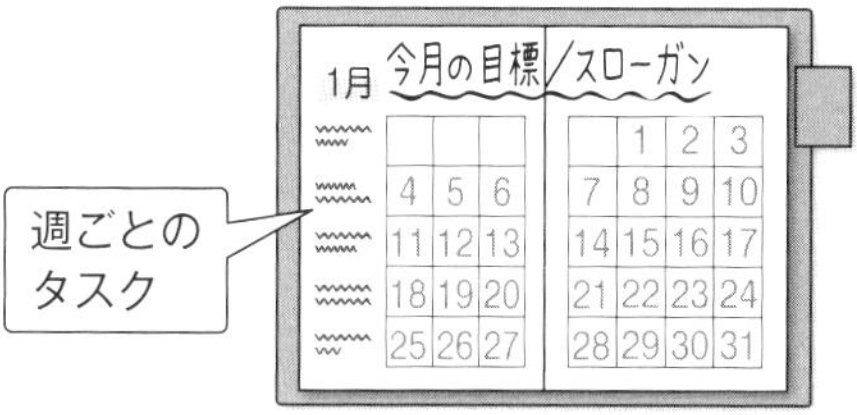

手帳を使い終えるとき、ふりかえる

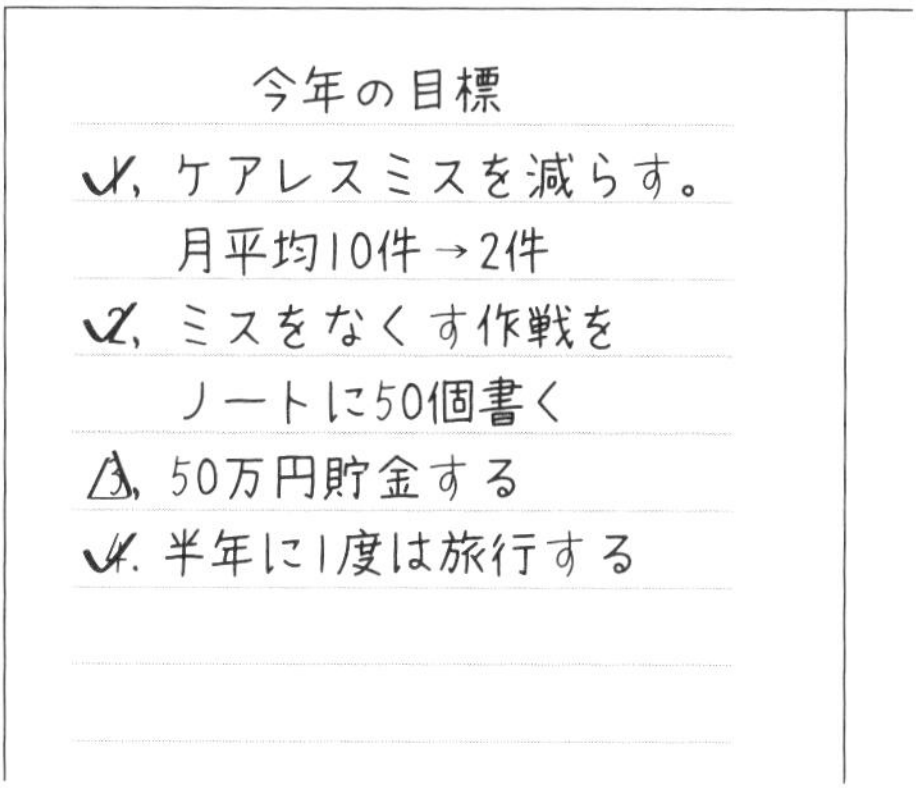

◎ 自分のための目標なら楽しい！

05 座右の銘を書く

目標を達成するには、集中して取り組むこと。そのためには考えがあっちに行ったり、こっちに行ったりせず、ブレない軸を持ってください。

では質問します。あなたにとっての座右の銘は何ですか？

ぜひ手帳やノートに書いておきましょう。ひとつ決めておくと、壁にぶつかったとき背中を押してもらえたり、解決の糸口が見えたりします。

憧れの人、例えばスポーツ選手や有名人、起業家などが言ったことでもいいですし、名言集が売っているので、それをパラパラめくってみてもいいでしょう。「自分に合う」とか「なんだか元気をもらえる」言葉がきっと見つかります。

私が好きなのは、「過去と他人は変えられない。未来と自分は変えられる」。これはエリック・バーンというカナダ出身の精神科医の言葉です。この言葉を知って、かれこれ20年経ちますが、今でもやっぱりピッタリきます。

言葉にはパワーがあります。あなたも座右の銘を書いておき、折にふれて見返し、励まされたり助けられたりしましょう。

座右の銘とは

自分の心に留めておいて、励ましや戒めにする
という意味の言葉

例えば……

生きてるだけでまるもうけ

明石家さんま

特別なことをするために、
特別なことをするのではない
特別なことをするために、
普段通りの当たり前のことをする

イチロー

もし今日が人生最後の日だとしたら、
今やろうとしていることは
本当に自分のやりたいことだろうか？

If today were the last day of my life,
would I want to do
what I am about to do today?

スティーブ・ジョブズ

◎ 好きな言葉からパワーをもらう

06 起業の準備をするノート

研修やセミナーを終えると、参加者の方から個人的な相談を受けることがあります。「本当は他の仕事に興味がある。副業を禁止されているので退職すべきか悩んでいます」「起業したいけれど、嫁や子供にご飯を食べさせないといけないから、リスクは負えない」など、みなさん胸のうちを吐露してくれます。

「副業禁止」の社内規程は、仕事として対価を得てはいけないということです。つまり準備や勉強することまで禁じてはいません。ですから、早まって白黒ハッキリつける必要はないように思います。

もちろん今の仕事をないがしろにして、転職や起業準備に没頭せよと指南しているのではありません。自分が選んだ今の仕事で結果を出せなければ、ステージを変えたところでうまくいく確率は低いでしょう。

そこで**作って欲しいのがプライベート用のノート。**終業後や休日にあれこれ構想を練ってみてください。準備8割、本番2割と言われるように、成功する人は準備に余念がありません。

退職する ─┬─ 退職しない
↓
計画・準備する

２択以外の選択肢を忘れないで

プライベート用のノートを作る
↓
やりたいことリストを書く
↓
計画を立ててみる
↓
心のモヤモヤを書き出す

※タイミングは人それぞれ

・貯金ができたらチャレンジ
・早期退職の募集があったときにチャレンジ
・今の勤め先には満足してるから定年後に
チャレンジ

◎ プライベートのノートを作る

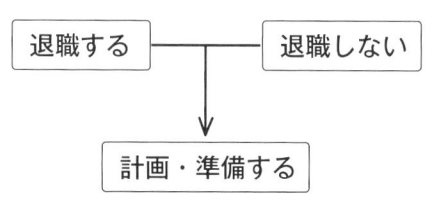

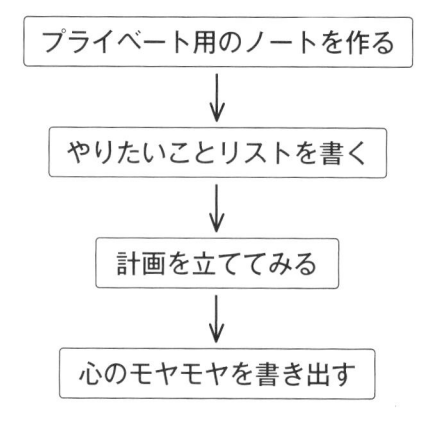

07 お酒の席を上手に利用する

職場の飲み会は無礼講とはいえ、上司にタメ語で話し、酔った勢いでからんでしまうと少なからず仕事に支障が出ます。

一流の人は泥酔して粗相なんてしませんよね。つい飲みすぎてしまう人は、手帳に文字が書けるくらいまでを目安にすると、たぶんお酒に負けません。

酒席では役に立つ情報を聞くことがあります。目上の方から、おすすめの本や映画を教えてもらったり、アドバイスをもらったりすることもあるでしょう。恐らくしらふのときより忘れやすいので、すかさず手帳にメモしておくのが賢いやり方です。

飲み会や接待の席でノートを出したままだと、お料理が置けませんし、「仕事モードが抜けない」「テーブルマナーを知らない」とも言われてしまいます。そのかわり**手帳をサッとバッグから出して、またバッグにしまうとスマートに見えます。**

少しいやらしいのですが、ついでにテクニックもひとつ紹介します。

ためになる話を聞いたら「勉強になります。メモしていいですか」とひと言断ってから、相手の目の前でメモしてみてください。きっと話し手のプライドをくすぐりますよ。

上司やお客様と飲むときは勉強するという心構えで

酔っぱらいは論外

ノートを開くと落ち着かない

手帳にメモをするのがスマート

この間、
いい本を読んだよ！
メモして
いいですか？

◎ いい情報は耳から耳へだともったいない

08 人脈マップを活かす

ＳＮＳにリア充の毎日がアップされていると「友達が多くて羨ましいな」と思ったり、先に昇進した同僚がいると「上司に引き上げてもらっていいな」と思ったり。「やっぱり人脈って大切ですよね」という声を聞きます。

考え方は人それぞれですが、私はやみくもに知り合いを増やすより、今ある人脈を大切にしたいです。ネット上の知り合いに相談することは、まずないですから。

そこで人数の多寡にかかわらず、ノートに人脈マップを書いてみましょう。**出会った経緯や広がりが、木の枝葉のようになって一覧化できます。**

なぜマップを書くかというと、チャンスの神さまはあなたの周りにいることに気づいて欲しいからです。まずは人脈マップの中から相談する人を選んではいかがですか？　きっといいアドバイスをもらえたり、応援してもらえますよ。

同時にいい結果を早急に求めないことも大切です。「何がなんでも」とガツガツすると相手に引かれます。何かの折に「そういえば」と思い出して声をかけてくれるのを気長に待つくらいが、ちょうどいい加減だと思います。

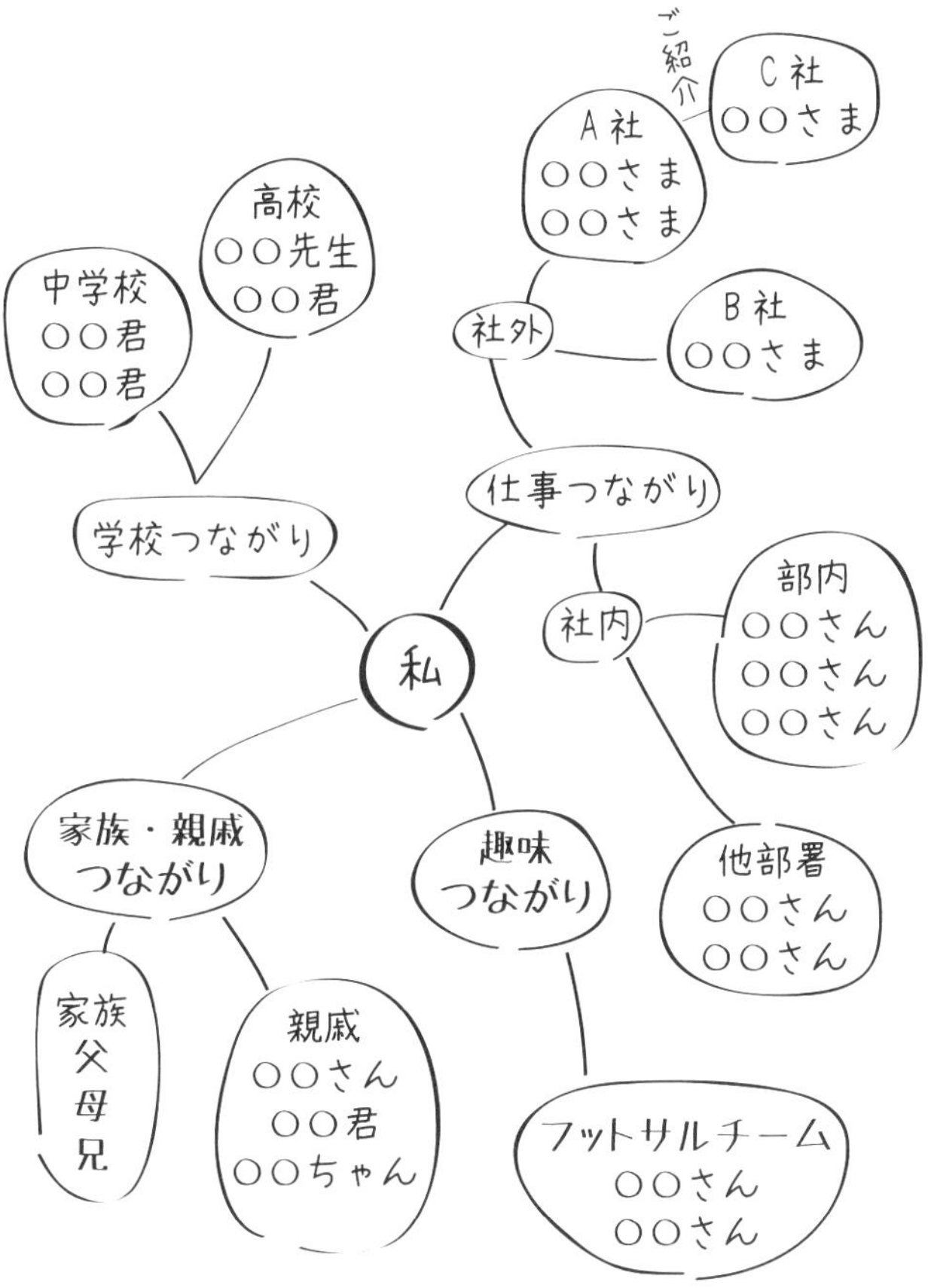

◎ 相談できる人はきっとあなたの周りにいる

おわりに

本書を手にしてくださり、ありがとうございました。

手帳、メモ、ノートの書き方に正解はありませんし、他人にあれこれ言われるものでもありません。でも、「仕事のミスを激減させる」というねらいがあるなら、少しばかりお節介できるかもしれない。そんな気持ちでこの本を作りました。

章ごとに手帳、メモ、ノートに書くことを分けましたが、何をどこに書くかは人それぞれです。例えばＴｏＤｏリストを手帳に書く人もいれば、メモ帳に書く人、ノートに書く人もいます。そのリストを取っておく人もいれば捨てる人もいる。いくつかの方法を試してみて自分に最良な方法を見つけてください。お気に入りのやり方が見つかったら、続けることが何より大切です。

ところで、この本を書くとき、日本昔話の「鶴の恩返し」が頭をよぎりました。「鶴の恩返し」は、お世話になった人に感謝を込めて、鶴が自分の羽根を抜いて織物を作るお話ですよね。というのは、これまで私自身たくさんのミスをして、多くの方に助けてもらいました。そのご恩を今度は読者のみなさんにお返しするのが、私の使命だと思っています。「ミスをなくしたい」という前向きな気持ちがあれば、きっと結果がついてきます。少しずつ手で書く習慣を身につけ、ミス激減のご褒美を手に入れてください。

なお、医学的なことは親交のある西田先生に教えていただきました。たくさん仕事を抱えているのに、いつもニコニコと対応してくださり感謝の気持ちでいっぱいです。本書の企画を立て、編集してくださったのは久松圭祐さん。信頼する久松さんとまたコンビが組めて幸せです。そして明日香出版社の石野社長、社員・スタッフのみなさんをはじめ、この本に携わったすべての方にお礼申しあげます。

読者の方から「ミスが減りました！」というご報告が、明日香出版社に届くことを今から楽しみにしています。とはいえ、あれもこれもだと大変ですので、これだけは！　と思うものを決めて、ぜひ今日からはじめてみてください。

では、私の羽根が残り少なくなったので、このあたりでペンを置きます。あなたのミスが激減しますように。

鈴木　真理子

■著者紹介
鈴木　真理子（すずき・まりこ）
株式会社ヴィタミンM代表取締役
共立女子大学卒業後、三井海上火災保険株式会社（現三井住友海上）入社。損害サポート部、人事部人材開発室などを経て結婚を機に退職。
その後、キャリアを真剣に見直し、ビジネスインストラクターとしての道を歩むことを決意。
2006年株式会社ヴィタミンMを設立、代表取締役就任。

現在、多くの企業研修や公開セミナーにおいてビジネスパーソン3万人以上に指導を行う。

「ミスなく速く仕事をし、心も体も元気でいる！」をモットーに、楽しく・飽きさせず・ためになるプログラムを開発し、好評を得ている。

講師業のほか、新聞や雑誌をはじめメディアの取材、原稿執筆まで幅広く活動中。

日本ペンクラブ会員。

○主な著書
『絶対にミスをしない人の仕事のワザ』（明日香出版社）
『時短シンプル仕事術』（明日香出版社）
『ズルいほど幸せな女になる40のワザ』（宝島社）
『絶対に片づく整理術』（PHP研究所）
ほか

本書の内容に関するお問い合わせ
明日香出版社　編集部
☎(03)5395-7651

仕事《しごと》のミスが激減《げきげん》する「手帳《てちょう》」「メモ」「ノート」術《じゅつ》

2016年　11月　19日　初版発行
2016年　12月　5日　第24版発行

著　者　鈴《すず》木《き》真《ま》理《り》子《こ》
発行者　石野栄一

明日香出版社
〒112-0005 東京都文京区水道2-11-5
電話(03)5395-7650（代表）
(03)5395-7654（FAX）
郵便振替 00150-6-183481
http://www.asuka-g.co.jp

■スタッフ■　編集　小林勝／久松圭祐／古川創一／藤田知子／大久保遥／生内志穂
営業　渡辺久夫／浜田充弘／奥本達哉／平戸基之／野口優／横尾一樹／田中裕也／関山美保子／藤本さやか　財務　早川朋子

印刷　株式会社フクイン
製本　根本製本株式会社
ISBN 978-4-7569-1865-9 C2036

編集担当　久松圭祐

もう必要以上に仕事しない！
時短シンプル仕事術

鈴木 真理子 著

ISBN978-4-7569-1812-3
本体 1500 円+税　B 6 判　208 ページ

「やらなくてもいい仕事」「手間をかけなくてもいい仕事」に時間がとられる。そんな悩みを抱えているビジネスマンが多いです。本当にやらなければいけない仕事に集中するために、仕事のプロセス上の余計な作業をやめる、仕事自体を簡易形式にかえるなどの方法を約 70 項目で解説します。

やり直し・間違いゼロ
絶対にミスをしない人の仕事のワザ

鈴木 真理子 著

ISBN978-4-7569-1689-1
本体 1400 円+税　B 6 判　200 ページ

仕事をしていると、単純ミス、ケアレスミス、人為的ミスなどが多発します。そのため本当は簡単に短時間で終わる作業も、やり直したり、新たに作業が増えたりして全然はかどりません。そうならないようにするためのTips 集です。

絶対に残業しない人の
時短（しごと）のワザ

伊庭 正康 著

ISBN978-4-7569-1754-6
本体 1500 円+税　B 6 判　200 ページ

ムリなくムダなくストレスなく、いわば楽しみながら仕事をすすめる方法を教えます。コミュニケーションの取りかた、メールや文書の作成のしかたなど、少しの工夫で仕事は見違えるように早くなります。そんな Tips を一挙に紹介します。

誰でも使えて成果が出る
外資系コンサルタントの仕事術

井上 龍司 著

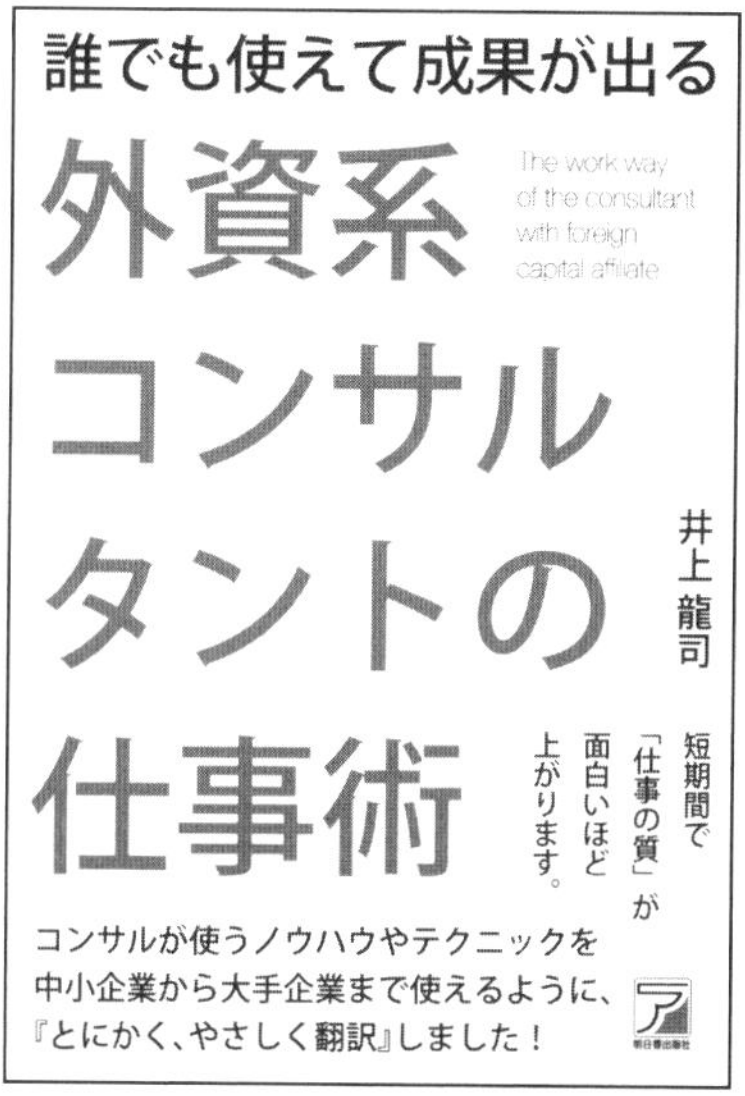

ISBN978-4-7569-1806-2
本体 1500 円+税　B 6 判　240 ページ

コンサルタントが実際に使用していて、中小企業のビジネスマンでも使える仕事術を紹介しました。外資系やコンサルと聞くとハードルが高く、小難しいことをやっていると思いがち。しかし、基本的な技術や考え方は誰でも使うことができます。今までのやり方に、ほんのちょっとプラスαをすれば、仕事が正確に効率的にできます。

伝わる文章が「速く」
「思い通り」に書ける　87 の法則

山口 拓朗 著

ISBN978-4-7569-1667-9
本体 1400 円＋税　B６判　232 ページ

『書いた文章がなかなか伝わらない』『文章を書くのが下手で、時間だけがどんどん過ぎていってしまう』。このような悩みを持っている人のために、短時間に正確で伝わる文章を作成するテクニックを 87 項目でまとめました。